Un cœur retrouvé

Myrianne Dubois

Un cœur retrouvé

LE LYS BLEU
ÉDITIONS

Préface

Rien n'est fatalité, sauf si on le décide.

Avoir envie de devenir quelqu'un… se sentir exister dans le Tout qui est en nous.

Au travers de ses blessures, Myrianne va comprendre qu'elle ne peut se laisser glisser dans le brouillard, elle choisit ce chemin de l'éveil qui lui enseigne que ce qu'elle a cru être la vérité pendant des années n'était qu'une semi-vérité basée sur l'ignorance, la peur.

Petit à petit, c'est la révélation qu'elle sort de sa prison intérieure, là où sont enfouis ses trésors. Ce qu'elle découvre, c'est ce qui existe depuis toujours et… qui dort.

Tout ce qu'on lui a interdit lui apparaît comme un livre ouvert. Elle doit se rendre justice, c'est le voyage du pas-à-pas dans lequel se réveille sa force de guérison.

Ses mains, qu'elle apprivoise, sont désormais au service du grand Oeuvre, tout peut, et doit, naître, prendre vie, s'offrir. La palette de tous les possibles surgit : dessin, peinture, sculpture, écriture…

Tout ce qu'elle crée, toute cette beauté qui jaillit dans chacune de ses œuvres, l'amène petit à petit à cette communication intérieure, là où sont lovés la confiance en elle, la paix, l'enthousiasme, la joie, l'amour.

Au travers du fil de sa vie, l'auteure comprend que l'éveil nous incombe à nous seuls, que rien n'est échec mais tout est expérience.

Ce livre authentique, sincère, nous émeut, il est un miroir offrant son reflet : servons-nous de la bonne clé et éprouvons le joyau en nous.

Josseline Rondeau

Madone
Taille de pierre stéatite

Toutes les photos de ce livre sont mes œuvres, tant les peintures que les sculptures.

La couverture du livre est un fragment de mon tableau intitulé « Cosmos », peint aux pigments naturels. Il se trouve en entier en dernière page.

Daleth lettre hébraïque qui signifie la grande porte
Peinture aux pigments

Le départ

J'ai quinze ans et demi. Je suis sur le quai de la gare d'Yverdon un matin d'avril. Il fait frais. Mon père et ma mère me tendent ma valise.

Je pars en Suisse allemande apprendre l'allemand, c'est la version officielle. En fait, je fuis la maison.

De grosses larmes amères coulent le long des joues de ma mère.

Elle ne comprend pas mon départ et l'absence de mes pleurs :

— Tu as un cœur de pierre !

Je monte dans le wagon, je ne me retourne pas, j'emporte ses mots avec moi, ma culpabilité aussi.

Mon père

Grand et bel homme aux cheveux frisés noirs, yeux marron foncé, belle allure.

Septième d'une famille nombreuse, il grandit dans la campagne fribourgeoise, à Rue, dans un canton catholique en Suisse.

Rue est réputée pour être la plus petite ville d'Europe. Avec son château, cinq pintes (cafés), un casino et un hôpital, c'est une petite ville médiévale autrefois très prospère.

La religion catholique occupe une place prépondérante dans cette famille. La messe chaque soir, le confessionnal une fois par semaine.

Le curé du village se rend chez eux régulièrement. C'est un peu leur gourou. Il leur conseille de continuer à faire des enfants même s'ils sont pauvres et déjà nombreux. Lors des accouchements, le curé est présent et demande au mari de choisir entre son enfant ou sa femme, en cas de problème. À chaque fois mon grand-père répond : « mon enfant ».

Heureusement, tout s'est toujours bien passé dans cette famille nombreuse. Les dix-huit enfants sont nés à terme. Sept enfants sont morts en bas âge et les onze restants ont vécu en parfaite santé.

Mon père est très pratiquant. Est-ce pour ne pas déplaire à sa mère ou par conviction religieuse ? Toujours est-il qu'au décès de cette dernière, il ne retournera plus jamais à l'église.

Son père Henry, né en 1886, est aide-paysan. Il habite avec sa nombreuse famille dans une modeste maison. Il souffre de jalousie maladive qui lui provoque des crises très violentes. Ma grand-mère, enceinte chaque année, ne voit personne à part le curé mais, malgré tout, elle a droit à des scènes horribles à chacun de ses passages. Tous les enfants en seront marqués.

Dès l'âge de onze ans, mon père est obligé d'aller mendier de la nourriture dans les fermes voisines.

Les nombreux enfants vivent à plusieurs dans une chambre, entassés comme ils peuvent. Ils grandissent en s'épaulant les uns les autres.

Dès leur majorité, deux des sœurs aînées de mon père quittent la maison et se marient avec des hommes aisés. Elles partent vivre en Amérique et en Australie. Les garçons s'échappent du nid familial dès la fin de leur scolarité afin de décharger les parents.

À seize ans, une des sœurs de mon père le prend sous son aile à Genève, dans la charcuterie de son mari. Il y travaille comme aide-charcutier. Il enchaîne par la suite de nombreux petits boulots, notamment celui de facteur.

C'est à cette période qu'il fait la connaissance de ma mère, en allant livrer le courrier dans une famille. Elle y travaille comme fille au pair. Ils se fréquentent par la suite et se marient rapidement car cette dernière est enceinte. Elle n'a que 18 ans.

Mon père est-il amoureux ?

Pas comme il l'aurait souhaité étant donné que son cœur est déjà pris par une certaine Alice, partie en Angleterre à ce moment-là.

Il a certainement aimé ma mère à sa façon, mais en tout cas pas comme ma mère l'espérait. Elle attendra toute sa vie son amour en retour !

Ils vivent à Genève jusqu'à la naissance de mon frère.

Est-il heureux à la naissance de son premier enfant à l'âge de 27 ans ?

Certainement. C'est un garçon.

Treize mois plus tard, j'arrive au monde. Est-ce une joie pour lui ?

Probablement, sauf que ma mère développe une jalousie maladive à mon encontre (débutée avec ses sœurs), et ne le laisse pas s'approcher de moi.

Comment l'a-t-il vécu ?

Il fait tout pour avoir la paix, donc préfère m'ignorer. C'est un homme de devoir et d'église. En conséquence, il assume cette famille. Jamais il n'aurait quitté la maison.

Lors de la naissance de mon frère, mon père se retrouve au chômage. Il quitte Genève pour le canton de Vaud et retrouve du travail par la suite à la vallée de Joux. Nous partons nous y installer tous les quatre. Ma sœur naîtra sept ans plus tard.

Est-il content de ce troisième enfant ?

Non, il n'en veut pas. La vie à la maison est déjà si difficile !

Il se déplace avec ma mère, chacun sur un vieux vélo lourd. Ils ont même plusieurs fois franchi le col du Marchairuz pour y rejoindre sa famille et jouer aux cartes. C'est une prouesse incroyable, toute une montagne à franchir sur 35 kms, ils font preuve de courage et d'endurance !

Hors de la maison, mon père est gai. Il rit beaucoup avec ses frères et sœurs. Toujours prêt à raconter des histoires, à pousser la chansonnette et surtout à taper le carton au jas (le jeu de cartes populaire en Suisse). Une fois par semaine, ils se retrouvent et c'est très joyeux.

Les deux dernières années de sa vie, ma mère, de plus en plus jalouse de ses sœurs (jalousie récurrente), lui interdit d'y aller. Il cède pour avoir la paix. Frustré et malheureux, sa santé se dégrade.

Au fond de moi, j'observe énormément mon père. Même si je ne peux pas l'approcher, je ressens que c'est un homme de valeur, bon, droit, profondément honnête. Il n'a pas d'ambition professionnelle mais est courageux. Un employé modèle qui a le goût du travail bien fait.

Régulièrement, mon père et ma mère me disent que je ne suis pas jolie, que je ne sais rien faire, etc. Bonne à rien en quelque sorte ! C'est comme ça que je grandis avec cette image de moi fort peu sympathique !

Mon père ne veut pas que ses filles soient féminines. Il nous oblige à avoir les cheveux très courts au-dessus des oreilles. Je rêve tout le temps de les laisser pousser.

À neuf ans, je ne sais pas pour quelle raison, ils recouvrent mes oreilles. En me promenant dans la rue, deux dames me regardent et disent :

— Qu'elle est jolie, cette petite fille !

Mon père a dû les entendre car dès le lendemain, il me fait couper les cheveux.

Mais cette phrase a un effet extraordinaire sur moi. Alors je ne suis pas moche comme ils disent ?

14

Quand il devient grand-père, il n'aime pas trop les bébés, ne sait pas quoi faire avec, sauf avec mon fils. Il est fou de lui. Il a une patience d'ange. Chaque semaine, il part le promener seul. Il le porte. Quand l'enfant est fatigué, il s'assoit sur le bord de la route et le laisse dormir. Il peut rester comme cela longtemps à attendre que le petit se réveille.

C'est une relation merveilleuse, une belle rencontre d'âme à âme qui perdurera au-delà de sa mort.

À la maison, je les attends. À chaque fois, je suis extrêmement inquiète de ne pas les voir revenir.

Quand il me dit qu'il veut laisser l'enfant dormir et surtout ne pas le réveiller, je trouve son attitude très touchante, je fonds littéralement.

À l'âge de 74 ans, il est victime d'une attaque cérébrale. Il est hospitalisé à Lausanne. Il perd la parole et la motricité mais reste conscient. Les médecins ne nous donnent aucun espoir et 48 h plus tard il meurt.

Pendant ces deux jours, nous sommes auprès de lui.

À un moment donné, la famille et ma mère sortent de la chambre.

Je me retrouve seule avec mon père. C'est notre première et dernière rencontre de cœur à cœur. Je lui prends la main, il me la serre très fort. Des larmes coulent le long de ses joues.

C'est d'une intensité extrême, j'en suis profondément bouleversée. Il me fait comprendre... sans parler :

— Je sais pour la jalousie de ta mère. **Pardon** de ne pas avoir été là pour toi.

Nous ne pouvons lâcher nos regards l'un de l'autre. Peut-être seulement cinq minutes, mais des minutes qui ont été aussi importantes que toute une vie.

Quelle chance que ma mère se soit absentée à ce moment crucial ! Il s'en est allé peu après.

Merci, papa, pour ce cadeau. Tu m'as sauvée.

La vallée

Je grandis à la vallée de Joux, dans le Jura suisse.

Cernée par les montagnes, entourée de sapins, de pâturages, et d'un immense lac, elle séduit par son authenticité et sa belle nature.

Les hivers y sont très rigoureux et fortement enneigés. On y patine sur le lac figé par le gel.

Les habitants appelés « les combiers » sont rudes et peu sympathiques, il faut du temps pour les apprivoiser.

La vallée est le berceau de la haute horlogerie suisse. C'est la raison de notre déménagement car mon père trouve du travail dans une fabrique de montres haut de gamme comme dessinateur technique. Ça lui plaît, mais c'est loin de ce qu'il aurait souhaité, le notariat. En effet, il a une très belle plume et un français parfait.

La vallée offre de nombreuses possibilités sur le plan sportif et chaque année se déroulent des compétitions internationales de ski nordique et de saut à ski.

Pour ma part, j'opte pour le patin à glace étant donné qu'une patinoire est située juste derrière chez nous. Les garçons nous prennent la main et nous font faire des tours. Ce sont mes premiers contacts avec eux. Mes premiers émois, dans cette fluidité du mouvement glissant sur la glace. C'est comme une danse à deux. Ce sont des moments de grâce qui émergent dans ma vie tourmentée. Le soir depuis ma fenêtre, je les regarde patiner. Je rêve du lendemain !

L'hiver, la vallée revêt son long manteau blanc pour quelques mois. Pour nous les habitants, c'est terriblement long car les cols qui nous relient à la plaine sont fermés. Nous nous trouvons isolés jusqu'à l'arrivée du printemps, qui tarde souvent à venir. Nous allons même jusqu'à oublier que sous cette neige blanche il y a une autre couleur qui va émerger.

Dans cette vallée, en plein hiver, ma sœur arrive au monde sept ans après moi. Normalement, une naissance c'est une immense joie, et chez nous, c'est un cataclysme !

Nous déménageons pour aller vivre dans un appartement de fonction d'une petite usine au Sentier. Nous occupons le dernier étage.

Dans cette usine, il y a des ateliers avec des machines pour la fabrication de montres. Elles restent allumées toute la nuit et font un bruit assourdissant et interminable.

Le logement n'est pas vraiment conçu pour y habiter en famille. Il est fait de bric et de broc. Les pièces sont en enfilade. Les toilettes se trouvent à l'extérieur, au bout d'un long corridor. La nuit, quand je dois m'y rendre, je traverse la chambre de mes parents, la pièce à vivre, le hall d'entrée. Je sors de l'appartement pour arriver dans ce lugubre corridor. Je suis terrifiée et sursaute sous les bruits des machines. Tremblante de peur, je me dépêche de rejoindre mon lit.

Tout est très insécurisant pour l'enfant que je suis.

Les chambres et la cuisine ne sont pas chauffées. Seule la pièce à vivre possède un radiateur. Nous vivons principalement dans la cuisine qui n'est pas très grande mais offre suffisamment d'espace pour nous cinq. Nous y faisons nos devoirs, y mangeons.

Mon père s'occupe de la conciergerie. Le soir après son travail, il est chargé de remplir la grande chaudière à bois qui chauffe toute l'usine. C'est un travail pénible. Il ne se plaint jamais mais est souvent fatigué et nerveux. En hiver, il est astreint à peler la neige pour dégager les entrées de l'usine. C'est très difficile.

De larges forêts entourent la vallée. En été, ma mère aime se perdre dans la forêt du Risoud pour y cueillir des myrtilles. Il y en a des quantités incroyables. Elle nous régale avec de sublimes tartes et desserts somptueux agrémentés de crème fraîche. Un délice. Un moment de partage savoureux que nous vivons en famille.

La vallée semble idyllique et offre indéniablement de belles perspectives. Pourtant, je m'y sens à l'étroit. La plupart du temps, derrière ma fenêtre, je me projette derrière les montagnes, sans neige et avec un horizon lointain. Je ressens un enfermement. Je rêve d'espace.

Je fréquente l'école du Sentier. Quand je suis en classe, je suis souvent perturbée avec la boule au ventre à l'idée de rentrer à la maison. Je ne sais jamais quelle ambiance je vais y trouver, ma mère énervée sur ma sœur qui ne veut pas manger ou en colère contre mon père qui ne lui donne pas de tendresse ? Les tensions à la maison sont légion et les crises font partie du quotidien.

Souvent, je traîne sur le chemin du retour afin de repousser au maximum le moment de revenir à la maison.

Mon quotidien est rythmé par eux. Leurs querelles, leurs réconciliations, leur désespoir. Je subis sans rien dire. Je suis devenue une statue.

Huit ans dans cette usine, dans cette vallée, dans cette famille défaillante jusqu'à ce que j'établisse un plan pour sortir de ce cauchemar et me retrouver sur le quai d'une gare en partance pour... ailleurs...

Ma grand-mère maternelle

Issue de la haute bourgeoisie autrichienne, elle est née en 1861.

C'est l'Autriche impériale, la période Biedermeier. On se réunit entre amis dans les salons et on cultive les arts. Franz Schubert ainsi que de nombreux artistes font parler d'eux, dont Gustave Klimt et Egon Schiele. La légendaire Sissi marque également profondément l'image de l'empire autrichien.

Ma grand-mère baigne dans cet univers mythique car elle est rentrée en tant que violoniste dans l'orchestre philharmonique de Vienne, la seule femme et probablement la première à cette époque. Elle est très talentueuse et extrêmement émancipée dans tout ce qu'elle entreprend, ce qui explique son parcours par la suite.

Son père, juge de paix, est un homme très riche et influent.

Il a quatre enfants qui font tous de hautes études, dont Mathilde, ma grand-mère.

Belle et brillante, elle a vingt-huit ans lorsque son père veut la marier et choisit son futur mari. Elle refuse et s'enfuit d'Autriche. Elle traverse la frontière pour arriver à Saint-Gall en Suisse allemande.

Mon arrière-grand-père, furieux, lui coupe les vivres. Peu après le départ de sa fille, mon arrière-grand-mère décède d'un cancer à l'âge de soixante-deux ans.

La même année, il se remarie avec l'infirmière qui a soigné sa femme et redevient père de quatre autres enfants à plus de soixante ans. En tout, il a huit enfants.

Après quelques recherches en généalogie, d'après les dates, ma grand-mère accouche de son premier enfant quelques mois seulement après être arrivée en Suisse, c'est probablement la raison de la décision du grand-père de la chasser de la maison.

Ceci explique cela. Très vite, après son arrivée clandestine en Suisse, elle rencontre un ouvrier, très brave, d'une grande gentillesse, qui l'épouse et reconnaît son enfant. Elle en a trois autres ensuite, dont ma mère la quatrième.

Avec ma mère, nous partons quelquefois à Saint-Gall pour lui rendre une petite visite. Nous prenons le train depuis la Vallée. C'est une vraie expédition avec différents trains et bus.

Au décès de son père, ma grand-mère peut retourner dans sa famille en Autriche. Régulièrement, nous y allons aussi.

L'Autriche est un pays magnifique, qui ressemble du reste à la Suisse. En revanche, le contraste est immense par rapport à la Vallée.

Je découvre un autre milieu que le monde ouvrier. C'est une famille d'intellectuels, diplomates, médecins, docteurs, musiciens, etc. L'accueil et la générosité sont de mise à chacun de nos séjours.

En plus du français, ma mère parle allemand. En Autriche, à chaque fois, elle revit. Souriante et heureuse, elle se sent pleinement chez elle. Je mesure à quel point elle n'est pas au bon endroit à la Vallée.

Étant donné que je vis en fonction d'elle, de ses humeurs, de ses joies, je me sens plus apaisée quand nous sommes là-bas.

Ma mère a reproduit le schéma familial en quittant la Suisse allemande pour Genève et ensuite la Vallée comme ma grand-mère qui a quitté l'Autriche pour la Suisse allemande.

Ces deux femmes ont eu un parcours de vie difficile qui impacte également ma vie.

En fuyant l'Autriche, ma grand-mère a perdu tous ses privilèges.

Elle n'a plus jamais joué du violon. Obligée de travailler, elle se met à la couture, non pas par plaisir mais pour survivre car elle s'est retrouvée veuve avec quatre enfants en bas âge à élever.

Cependant, libre et courageuse, elle travaille pour de grandes enseignes de haute couture à partir de son domicile. Elle exécute également de sublimes robes de mariée.

C'est par ce biais-là qu'elle retourne ainsi dans **une forme d'opulence** de son ancienne vie.

Son existence est scellée à sa machine à coudre devant répondre aux commandes des maisons de couture.

J'adore cette grand-mère au cœur en or et à l'immense gentillesse.

Elle a un visage tout rond et un regard très doux. Je me rappelle les deux fois où elle est arrivée à la Vallée, sans nous prévenir.

Un soir, nous sommes à table dans la cuisine. L'usine est fermée. Quelqu'un sonne. Mon père descend. Il revient avec ma grand-mère.

Elle est là, devant nous. C'est la stupeur ! Par quel miracle est-elle parvenue jusqu'à cette usine perdue dans la Vallée ?

J'en ai un souvenir vibrant d'émerveillement jusqu'à ce que ma mère crie de joie !

Ne parlant que l'allemand, comment est-ce possible qu'elle soit arrivée jusqu'à nous ? C'est surréaliste !

La joie et les pleurs s'entremêlent. Nous sommes heureux. La présence de ma grand-mère est si réconfortante. Cette femme est une boule d'amour. Je ne parle pas l'allemand mais les gestes suffisent. Je ressens pour elle une énorme tendresse.

D'une profonde discrétion, dès le matin, elle s'installe sur la machine à coudre, qu'elle ne quitte pas jusqu'au soir, malgré les demandes incessantes de ma mère la priant de s'arrêter.

Elle est dans ce désir ardent de nous confectionner des robes pour ma sœur et moi-même. Des petites splendeurs !

Qu'est-ce que nous étions fières et émerveillées de porter ces créations dans cette Vallée ouvrière, c'est un tel contraste ! Elle nous a aussi confectionné des manteaux rouges, des petits joyaux !

Ma mère adorait sa mère. Malheureusement, la distance les séparait.

Ma douce et bien-aimée grand-mère a enchanté ma vie. Elle a été un axe important dans ma construction.

J'ai seize ans et suis en suisse allemande quand j'apprends qu'elle s'en est allée. Je ressens une grande douleur et une peine immense. Cette grand-mère m'a montré le chemin du cœur et de l'amour.

Ma grand-mère maternelle

Ma mère

Je sais par toutes les photos que j'ai vues et pour l'avoir entendu de nombreuses fois que Martha, ma mère, est une belle femme à la classe naturelle. Une forme de noblesse se dégage d'elle. Elle prend grand soin de sa personne et de tout ce qu'elle entreprend.

Sa classe provient certainement de ses origines autrichiennes.

Ma mère grandit à Saint-Gall, en suisse allemande, dans une famille de quatre enfants. Son enfance comporte deux grands drames qui l'ont probablement affaiblie psychologiquement.

Toute petite fille à quatre ans, elle joue dans la cour en bas de chez elle avec une copine du même âge lorsqu'un camion en reculant les percute. La copine meurt sur le coup suite au choc. Ma mère s'en sort indemne.

Deuxième épreuve lorsqu'elle a onze ans. En rentrant de l'école, une employée municipale se présente à elle pour lui dire que son père est mort, qu'il a chuté d'un toit. Il est ouvrier dans le bâtiment et a glissé. Lourdement tombé sur le sol, il est décédé sur le coup.

La femme lui demande de l'accompagner pour identifier le corps. À onze ans, quelle épreuve elle a dû vivre ! Horrible, extrêmement traumatisante !

Probablement que ces deux drames l'ont marquée au fer rouge pour le restant de ses jours.

Malgré tout, la vie continue avec sa mère, ses deux sœurs et son frère. Elle aime son frère mais est jalouse de ses sœurs. *La jalousie est déjà là en elle.*

À seize ans, elle quitte Saint-Gall pour Genève dans une famille au pair afin d'y apprendre le français.

Comme mentionné dans le chapitre « mon père », c'est dans cette famille à dix-sept ans qu'elle rencontre son futur mari, mon père. Elle attend un enfant dès le début de leur relation et se marie rapidement.

Le mariage ne s'annonce pas sous les meilleurs hospices :

Premièrement sur le plan religieux car ma mère est protestante. Mon père est catholique et très pratiquant.

Deuxièmement, ma mère est une Suisse allemande. Elle parle mal le français.

Troisièmement, elle est enceinte.

C'en est trop pour la belle-mère qui d'entrée ne l'aime pas. Elle le lui démontre à de nombreuses reprises.

Évidemment, ma mère se sent rejetée par sa belle-mère et un peu par tout le monde. Elle commence à perdre pied. Le monstre prend forme petit à petit.

À l'âge de vingt ans, elle a déjà deux enfants et sept ans plus tard, son troisième.

Lorsque Fabienne a cinq ans, ma mère commence à travailler à domicile, elle fait de la manutention de pièces de montres, un travail fastidieux et monotone, en étant rétribuée à la pièce.

On ne peut pas lui enlever cette qualité d'être courageuse car elle s'applique beaucoup. L'argent est très important pour continuer à se payer le coiffeur des dames chics de la Vallée, coiffeur très coûteux mais c'est le prix à payer pour essayer de séduire encore son mari…

Son magasin favori c'est Gonzeth, le seul magasin de fringues du Sentier. Elle cherche constamment à être la plus belle.

La méchanceté, l'agressivité, le stress, l'énervement et la fatigue font partie de son quotidien. Elle peste contre sa vie.

Elle est perpétuellement dans l'affrontement avec moi. Elle est très autoritaire, elle veut me mettre à terre. Elle veut ma peau. Elle y parvient la plupart du temps.

Je suis résignée, je crains ma mère, je n'arrive pas à m'affirmer face à elle.

Même beaucoup plus tard quand je deviens adulte, je garde longtemps cette attitude de petite fille tremblante. Elle me terrorise.

Quand elle explose, je me réfugie dans ma bulle ! Souvent, je reste prostrée plusieurs heures ou plusieurs jours…

Je me rappelle avec précision un fait qui s'est déroulé à Noël des années plus tard. Je l'invite chez moi pour le 24 et 25 décembre. Je décide de la chouchouter, de lui faire plaisir. J'ai l'espoir qu'elle soit calme pendant deux jours. Mon frère sera là le lendemain pour le réveillon de Noël. Il vient sans son épouse car ma mère ne l'apprécie pas.

Sa chambre est prête. Le feu de cheminée crépite. Je prépare un bon repas. Tout est en place pour un joyeux réveillon.

Elle est heureuse jusqu'au milieu du repas. Mais d'un coup, elle vire. Un mot ou une attitude déclenchent une crise et là, c'est très impressionnant. Elle se raidit, se met à hurler, veut me frapper. Je cours me mettre à l'abri dans ma chambre. Je m'enferme. Elle est derrière la porte. Elle crie comme une folle, elle cogne contre la porte.

Je me réfugie sous la couette, un oreiller sur la tête pour ne plus l'entendre. Je suis recroquevillée en fœtus, je pleure. Cela dure plus d'une heure. Je me rassure en me disant qu'elle a son espace et peut aller tranquillement dans sa chambre.

J'ai mal. Tout à coup, je n'entends plus rien. Je n'ose pas encore sortir de la chambre. J'attends encore une demi-heure et j'ouvre ma porte.

Elle n'est plus là. Elle s'est enfuie. Il est onze heures du soir, c'est la veille de Noël. C'est un cauchemar ? J'habite à sept kilomètres de chez elle. Il fait très froid ! Elle a 82 ans. Que faire ?

J'hésite à prendre la voiture pour la chercher car je ne sais pas où la trouver. Il y a de nombreux chemins ! Où est-elle ? Est-elle cachée ? Comme elle est en crise, si elle me voit, elle va plutôt chercher à me frapper qu'à me suivre. Démunie face à cette situation, je décide d'attendre.

J'ai espoir qu'elle revienne, une fois la crise passée. J'attends toute la nuit malade d'angoisse.

Le lendemain, j'ai enfin des nouvelles. Elle a fait du stop pour rentrer chez elle. Elle a dit aux personnes qui l'ont emmenée que je l'avais mise à la porte.

J'ai souvent vécu des épisodes similaires d'une extrême violence.

Je me sens à chaque fois si impuissante. J'ai pris contact auprès de différents médecins et thérapeutes afin de savoir comment gérer de telles situations ?

Les réponses sont unanimes. C'est sans solution, étant donné que ce genre de malades considèrent qu'ils n'ont rien et qu'ils sont des victimes. Les vrais coupables, ce sont les autres. De ce fait, ils refusent tout traitement, psychologique ou médical.

La seule façon et je l'explique sous le chapitre « **l'emprise** » est de contourner la montagne et de ne plus accepter de se faire traiter de la sorte, ce que je réussis à faire beaucoup plus tard.

Ma mère à 40 ans
L'image qu'elle donnait ne reflétait pas son intérieur chamboulé !

L'accordéon

L'accordéoniste
Pastel sec

À neuf ans, j'ai la joie de jouer d'un instrument, l'accordéon. C'est un accordéon chromatique noir et blanc si imposant que j'ai de la peine à le porter. Je fais partie d'un club d'accordéonistes dans le village. Une fois par semaine, nous nous réunissons pour des répétitions.

De temps en temps, à l'occasion d'une fête, nous partons jouer dans une autre région. Des sorties que j'attends avec impatience, étant donné qu'elles me font quitter la Vallée pour quelques heures.

Cet instrument est une sorte de refuge. Sans en être passionnée, je l'apprécie fortement.

Ma petite sœur y joue aussi. Elle l'aime moyennement. Elle est plus rock. Plus tard, elle jouera de la guitare, ce qui lui conviendra mieux.

Moi, j'aime bien mon accordéon jusqu'au jour où…

En rentrant de l'école, je vais le chercher dans l'armoire. Il a disparu !

Je demande aussitôt à ma mère où il se trouve :

Elle travaille sur ses pièces de montres. Je ne vois que son dos. Elle ne se retourne pas. J'entends :

— Je l'ai vendu, on avait besoin d'argent.

C'est tout… fini… terminé… rien à signaler.

Sidérée, abasourdie, je n'ai pas de mot pour répondre. Aucun son ne sort de ma bouche.

Cet événement me rend tellement triste. Totalement impuissante, je me renferme de plus en plus.

Dès lors, je deviens un bloc de marbre. Je sens que je n'existe plus.

Jalousie

Dès ma naissance, mon père me trouve sûrement jolie, du coup ma mère développe **une jalousie maladive** à mon encontre.

À cinq ans, je veux aller sur ses genoux. Le visage de ma mère se crispe, elle part au fond de la pièce. Je ne comprends pas. **Mon père me repousse gentiment.**

L'accès à mon père m'est dorénavant interdit. Ma mère fait des crises d'hystérie dès que je m'approche de lui, son visage se fige, son regard est froid. Pour avoir la paix, mon père choisit de m'ignorer. Il aura cette attitude toute sa vie.

C'est un éloignement forcé avec mon père, pour toujours. Il ne veut pas d'histoire.

Mais papa, regarde-moi ? J'ai besoin de toi ? Pourquoi tu ne me veux pas ? Je suis gentille pourtant !

Je ressasse ces mots, **pourquoi il ne me veut pas ?** Chaque jour inlassablement ! Je comprendrai des dizaines d'années plus tard.

Impuissante à changer les choses, je choisis l'isolement. Je me fais toute petite, je me réfugie dans ma tête. Je m'évade ailleurs !

J'observe cela avec impuissance. Je me sens mise de côté et orpheline. Je ne peux pas approcher mon père, ma mère est en crise face aux problèmes de ma sœur et mon frère s'est détaché de moi.

L'ambiance familiale est tellement lourde et pesante que je m'isole dans mon monde. Il n'y a pas de joie dans mon cœur.

Je pressens qu'ailleurs je serai plus heureuse, je n'ai rien à faire ici, il faut que je parte. Puisque personne ne me veut, puisque personne ne m'aime. J'y pense jour et nuit jusqu'au jour où…

Ma sœur

Les premières années de ma vie, je m'accroche à mon frère et grâce à lui je ne souffre pas trop, mais tout bascule à la naissance de ma sœur qui naît sept ans après moi et huit ans après mon frère.

À l'annonce de la grossesse de ma mère, mon père souhaite que ma mère avorte étant donné qu'il y a déjà deux enfants à nourrir. Sur le plan financier, ils tirent le diable par la queue.

La revendication de mon père produit l'effet contraire sur ma mère, qui se sent rejetée. Elle décide de ne pas céder à sa demande. Elle ira au bout de sa grossesse coûte que coûte.

C'est un vrai paradoxe, étant donné qu'elle ne veut pas prendre de poids car elle a peur que son mari se détourne d'elle si elle grossit. Elle est persuadée que c'est par son physique qu'il va l'aimer.

Ces neuf mois de grossesse sont un calvaire. Elle assume seule son choix de rester mince et de garder l'enfant. Le manque d'amour de son mari ne se comble pas. La fissure ne fait que s'agrandir.

C'est un hiver glacial à la Vallée avec énormément de neige lorsque Fabienne arrive au monde neuf mois plus tard. Hélas, c'est un bébé anorexique.

Elle refuse totalement le lait maternel et tout autre lait du reste. La situation est très grave. Il faut la nourrir artificiellement, ce qui provoque des hospitalisations prolongées. En réalité, les séjours à l'hôpital, parfois de quelques semaines, ne font qu'aggraver la situation.

La famille déjà si fragile est complètement anéantie, ce qui accélère le processus de déséquilibre psychique de notre mère qui devient de plus en plus nerveuse, voire agressive. Elle est démunie face à cette situation et ne parvient pas à la gérer.

L'anorexie du nourrisson est très rare. C'est le cas chez Fabienne qui serre la bouche afin que l'on ne puisse pas y introduire la tétine, elle recrache le lait. Elle se cabre et tourne la tête.

Par la suite, en m'informant sur le sujet, je réalise que la raison de cette anorexie provient probablement du fait de la lutte de notre mère pendant sa grossesse pour ne pas prendre de poids.

Malheureusement, la vie de ma sœur en pâtit et démarre dans la douleur.

Notre mère pleure et détourne la tête chaque fois qu'elle lui donne le bain :

— Oh, mon Dieu, tu es tellement maigre, on dirait une Biafraise !

La méchanceté de ma mère perturbe énormément Fabienne. Elle en souffrira beaucoup. Elle s'en est confiée bien plus tard, à de nombreuses reprises.

Fabienne grandit dans cette souffrance avec une mère qui est de plus en plus stressée, qui tient le coup grâce au valium que lui prescrit son médecin mais qui ne sera plus jamais bien.

Les pathologies maternelles n'arrangent pas l'évolution de Fabienne mais au contraire affaiblissent fortement son équilibre, qui développera par la suite les mêmes troubles psychiques que sa mère.

Élancée et mince, aux grands yeux noisette expressifs, Fabienne est plutôt jolie. Quel dommage qu'elle soit si fragile et si hypersensible psychologiquement, car elle est intelligente !

À l'âge de seize ans, à la fin de la scolarité, elle entre à la poste comme apprentie postière, bien loin de son rêve de faire du théâtre.

Elle n'a donc pas le choix et malheureusement ce travail à la poste ne lui convient pas, elle s'y s'ennuie. L'alcool pendant le week-end fait son entrée dans sa vie. Par la suite, elle deviendra accro aux benzodiazépine ainsi qu'au cannabis.

Toutefois, lorsqu'elle a vingt ans, une marque de cigarettes de luxe l'engage comme hôtesse d'accueil. Elle fait un peu de mannequinat. Elle ne poursuit pas car elle déteste ce milieu trop superficiel à son goût.

Elle préfère son monde d'intellectuels de gauche, plutôt communistes. Elle lit Soljenitsyne et refait le monde avec ses potes en fumant du haschich et buvant de l'alcool. Son état physique commence à se détériorer petit à petit suite aux mauvais traitements qu'elle s'inflige.

Malgré tout, elle trouve un travail comme secrétaire de direction dans une entreprise étatique. Elle y reste quelques années. Trop souvent absente, elle finit par perdre son emploi.

J'ignore tout de la vie de ma sœur jusqu'à mes trente ans. Un dimanche où nous sommes en famille, Fabienne fait un malaise. Ma mère appelle le médecin en urgence. Ce dernier nous informe qu'elle est droguée.

Je suis démunie face à cette prise de conscience. Mes parents ont honte de cette situation et sont dévastés.

Moi-même je ne connais rien à la drogue.

J'ai trente ans, une vie de famille, un enfant de cinq ans et je ne sais pas quoi faire. Je vais à ma façon la suivre tout en réalisant que c'est très difficile d'intervenir.

Par la suite, elle viendra quelquefois à la maison mais un peu à contrecœur, bien entendu elle préfère être avec ses copains, fumer des joints et jouer de la guitare. C'est devenu son monde.

Plus tard, elle se rapproche de moi et se confie :

— Mimi, tu sais il y a quelque temps, je me suis retrouvée à Tanger, dans un bar un peu glauque, je ne sais pas trop comment j'y suis arrivée ?

— J'étais serveuse dans ce bar !

— Tu sais, j'ai dû avorter alors que j'étais enceinte de cinq mois.

— J'ai dit au médecin de tuer cet embryon car je ne voulais pas de ce bébé.

— Tu sais, c'était affreux car c'était un accouchement normal. J'ai vécu un vrai cauchemar.

Ses propos me terrifient.

Pourquoi me raconte-t-elle tout cela ?

Afin de me bousculer dans ma petite vie de petite bourgeoise, bien organisée ? Dans son milieu on n'aime pas les bobos ?

Ou alors, c'est la preuve d'une grande confiance. Elle me confie ce qu'elle n'arrive pas à dire ?

Toujours est-il qu'une peine immense me submerge. J'y pense tout le temps mais je me sens si impuissante...

À cette époque, je ne saisis pas encore que son vécu dans l'autodestruction est la conséquence de sa petite enfance. Je comprendrai par la suite...

Les questions sont innombrables ? Pourquoi ?

Inconsciemment, elle choisit la mort et pas la vie. Quel malheur !

Comment l'aider ? Que puis-je faire ? J'ai ma famille, je ne travaille pas pour m'occuper de mon fils et je ne veux pas imputer cette charge à mon mari. Malgré tout, je lui demande une somme d'argent pour couvrir une dette importante, il accepte.

Je prends régulièrement de ses nouvelles auprès de mes parents qui s'en occupent à leur façon. Ils sont complètement dépassés et font de leur mieux pour l'aider. Notamment ma mère qui se rend chez elle régulièrement pour nettoyer son appartement qui ressemble à une porcherie. Elle lui donne souvent un peu d'argent.

Nous l'emmenons quelquefois en vacances avec nous. Nous faisons ce que nous pouvons mais c'est une tragédie.

Enfin, on aperçoit le bout du tunnel, on y croit lorsqu'elle accepte de suivre une cure de désintoxication pendant deux mois à Nyon.

Je l'accompagne durant cette période, ce qui me rapproche d'elle.

Du coup, j'acquiers une connaissance des addictions et des traitements.

Dans cet établissement, on divise les pathologies. Les drogués et les alcooliques sont dans le même pavillon, mais séparés des autres.

Son groupe est composé de femmes et d'hommes plus ou moins jeunes. Ils passent leurs journées dans le pavillon ou dans le parc. Ils n'ont pas le droit d'aller dans leurs chambres. Bien sûr, il n'y a pas de substances. Ils sont contrôlés par des tests d'urine régulièrement.

C'est extrêmement difficile. Un sevrage comme celui-là nécessite pour ma sœur un effort colossal et une volonté de fer, sinon c'est la mort. Le sevrage, c'est l'espoir ultime, la dernière chance.

Chaque jour, il y a des séances avec des psychologues.

Fabienne souffre énormément au début, elle menace de s'enfuir quotidiennement puis, petit à petit, elle se calme. Après cinq semaines de traitement, elle se sent mieux et après huit semaines, elle est entièrement sevrée. Elle peut rentrer chez elle.

Nous avons très peur pour son retour, surtout de son environnement.

Elle est parfaitement informée qu'une rechute est probable. Pratiquement chaque patient après un sevrage rechute une, deux voire même plusieurs fois.

Chacun a les outils pour gérer la situation et sait exactement quoi faire si cela se produit.

Tout va très bien pour Fabienne pendant quelques mois. Son physique a changé, quelques kilos en plus, un teint éclatant, ses yeux sont vifs, elle est magnifique. Elle semble revivre.

Malheureusement, notre père meurt six mois plus tard. Ce deuil la replonge petit à petit dans la drogue pour ne plus jamais en sortir. Elle le décide consciemment et nous dit :

— Je n'arrêterai plus jamais la drogue et je n'irai plus en cure de désintoxication. C'est mon choix, c'est comme ça !

Elle enchaîne ensuite les hospitalisations dans des établissements spécialisés. À l'âge de cinquante ans, elle alterne son quotidien entre l'hôpital et la maison.

Elle emménage à Lausanne dans un joli appartement. Je l'aide à le décorer. Nous allons chez Ikea. Elle est ravie. Il y a une lueur de vie dans ses yeux. Je trouve qu'elle va mieux. Je ne vois plus de drogue autour d'elle.

Cependant elle s'ennuie. Sa vie ne l'intéresse plus. Elle est usée.

Ma sœur se décrit de la façon suivante :

— Physiquement, j'ai l'air jeune, mais intérieurement j'ai les organes d'une très vieille dame.

Malgré tous ses problèmes, elle possède une autodérision incroyable et l'humour est son moteur. Nous avons cela en commun et nous nous amusons énormément ensemble. Notre langage est cocasse, ce qui provoque nos rires.

Souvent, au sein de la famille, afin de désamorcer les problèmes, ponctuellement nous rions tous ensemble.

Le lien avec ma sœur est difficile à décrire, nous sommes diamétralement opposées mais nous nous aimons énormément même si dans notre famille, on ne nous a pas appris à aimer.

Nous sommes sur deux chemins différents. Pendant que je me construis et recherche la lumière, elle s'autodétruit.

Elle est très fragile, souffre psychologiquement et physiquement. En plus de sa forte dépression, elle devient paranoïaque.

Suite à sa dernière hospitalisation, elle n'a plus le goût de vivre.

Lorsque je suis chez elle, elle regarde constamment la pendule. D'une voix cassée à peine audible, elle me dit :

— Encore cinq heures jusqu'au soir !

Ses paroles me font souffrir.

Ses journées sont interminables. L'ennui l'accompagne au quotidien. Elle s'est endormie pour toujours dans son sommeil à l'âge de cinquante-trois ans… elle n'avait plus envie.

Pendant longtemps, j'ai ressenti un manque… comme si une partie de mon corps était partie avec elle…

Ma sœur et moi
La brune et la blonde

Petite fille de 4 ans qui prie dans une chapelle
Aquarelle

École et église

L'école m'ennuie la plupart du temps. J'ai l'impression de ne rien apprendre, de mémoriser par cœur des quantités de dates inutiles, sans créativité. Heureusement, je suis plutôt bonne élève, mes matières préférées sont l'écriture et le dessin. Je suis favorable à la pédagogie de l'école Montessori, qui offre à l'enfant une éducation de liberté et d'autonomie propice à l'épanouissement individuel et social afin de permettre à l'enfant de devenir autonome.

Pour moi, l'école de la vie a été la meilleure des écoles car j'y ai appris le sens et la valeur des choses.

J'ai des amies Catherine et Simone, nous sommes dans la même classe. Quand plus tard, la question se pose d'aller au collège, nous souhaitons y aller ensemble.

Sauf que j'entends mes parents en discuter. Comme au collège, tout est payant, y compris les crayons, ils ne souhaitent pas m'inscrire.

Je n'ai pas envie de leur causer de problèmes étant donné qu'ils n'ont pas beaucoup d'argent, je préfère renoncer à passer les examens d'entrée au collège. Les tensions familiales sont déjà suffisamment présentes sans que j'en rajoute.

Je me trouve séparée de mes amies qui ont elles la chance d'y aller. C'est un gros crève-cœur.

Physiquement, mon teint est terne, mes yeux sont éteints, le peu de lumière qui éclairait mon visage est parti. Je n'aime rien, ni ma famille, ni l'école, ni notre appartement, ni la Vallée. RIEN, RIEN.

Comment trouver de la joie, du plaisir, et où ?

Je me sens coincée.

Comment continuer à vivre dans ces conditions ?

Et ailleurs, comment est-ce ?

Est-ce que c'est mieux ? Je suis sans cesse dans cette interrogation ?

Dès mes douze ans, je commence à établir un plan dans ma tête qui est de fuir cette maison. Je n'y ai pas ma place.

Comment faire pour m'extirper de ce cauchemar ?

À quatorze ans, une idée germe dans mon cerveau. Des copines de classe m'annoncent qu'elles sont inscrites dans un couvent protestant en suisse alémanique (à Bâle) pour apprendre l'allemand pendant une année.

Aussitôt, je demande l'adresse. J'écris au couvent pour postuler en imitant la signature de mon père. Quelque temps plus tard, nous recevons la réponse de Bâle, je suis acceptée.

Mes parents sont furieux. Ils ne comprennent pas !

Comment leur fille si douce et si gentille a pu faire cela, derrière leur dos ? Pourquoi veut-elle partir ? Dans un couvent protestant ? Quelle honte !

Ils essayent de m'empêcher de partir. Je suis si déterminée que je ne cède pas.

Évidemment, le plus compliqué pour mon père, c'est que je parte chez des protestants. Très pratiquant, il nous oblige à aller à la messe chaque dimanche, au confessionnal, au catéchisme, etc.

Je n'aime pas l'ambiance de l'église, tout me semble artificiel, dans le confessionnal, les curés m'obligent à mentir et à inventer des péchés. La messe en latin ou je ne comprends rien me déplaît. Je n'aime pas le catéchisme ou le curé me touche les genoux.

Bref, je suis obligée d'être présente mais je m'y rends à contrecœur. À l'instar de ma mère qui est protestante et anticatholique, elle ne nous accompagne jamais. Nous y allons donc avec notre père.

Dans la famille, il n'y a pas de joie, à l'église, nous faisons semblant d'être heureux.

Probablement que j'aurais pu aimer l'église et même l'école si mon père m'avait gentiment prise par la main en m'expliquant les choses, au lieu de tout m'imposer sans parler.

La Suisse allemande

Le jour tant attendu arrive pour moi. C'est le départ. Heureuse et excitée, j'ai hâte de dire au revoir à cette famille. Ne plus subir les conflits incessants et l'ambiance si pesante.

Un rapide au revoir à la Vallée, aux sapins qui m'écrasent, au ciel gris et au froid.

Partir ne me fait pas peur. Au contraire, l'inconnu me fascine. Mon frère ne me dit pas au revoir, ma mère pleure. Ma petite sœur aussi est en larmes. Je ne comprends pas pourquoi ma mère s'effondre, au fond de moi je me dis qu'elle doit être contente de me voir partir, une bouche en moins à nourrir.

Mon apparence physique est celle d'une enfant peu dégourdie, extrêmement timide, élancée et maigrichonne, pas vraiment jolie. Mes cheveux sont châtain clair, bouclés, ni courts, ni longs, avec une frange.

C'est à ce moment-là sur le quai de la gare, comme je l'ai écrit au « chapitre départ » qu'elle me traite de « **cœur de pierre** ».

La voilà, cette fameuse phrase qui me poursuivra toute ma vie. C'est probablement la raison de mon livre.

J'arrive à Bâle en suisse alémanique avec quelques notions d'allemand.

Une sœur m'accueille au couvent. Question discipline, c'est encore plus rigide que chez mes parents.

Oh là ! là ! comment vais-je faire ? Je ne vais pas supporter cette nouvelle prison.

Le premier dimanche, lors de la promenade, entre deux sœurs du couvent, dans la même rue, je repère une porte avec une inscription qui indique une association de jeunes filles au pair.

J'inscris cela dans mon cerveau. Quelques jours plus tard, je m'enfuis du couvent, je n'ai que quelques mètres à faire pour aller sonner à ce bureau de filles au pair.

J'explique ce qui se passe. Ils téléphonent à mes parents qui sont surpris mais acceptent de m'inscrire.

L'association me trouve de suite une famille à la campagne bâloise, dans une grande villa, chez un couple d'Américains avec deux enfants.

Je loge dans une belle chambre avec salle de bains. Quelle merveille !

La mère de famille passe ses journées dans sa chambre. Elle me donne des ordres mais ne m'aide pas. Très vite, elle se rend compte que je ne sais rien faire. Après un mois ils me renvoient. Et hop à la case départ. Heureusement, l'association me trouve de suite une autre famille, en ville cette fois.

Et là, je commence enfin ma nouvelle vie. Ma chambre est indépendante de leur appartement et donne sur la rue. C'est très vivant. La famille est composée d'un jeune couple avec deux enfants, dont un bébé.

À nouveau, mon ange gardien se manifeste car l'accueil est bienveillant. Ils comprennent rapidement qu'ils vont devoir tout m'enseigner. Ils le font avec une grande patience. Ils m'apprennent à manger, à travailler, à être sociable, sans peur.

J'adore leur bébé Thomas, que je promène au parc tous les après-midi.

Au fil du temps, la joie peu à peu se reflète sur mon visage. La vie me sourit enfin.

Je me souviens de mon premier repas chez eux. Une tarte aux pommes. C'est leur repas de midi, oui en Suisse allemande, c'est différent.

Je regardais cette tarte avec de grands yeux d'envie. Elle sortait du four, elle sentait bon la cannelle. Mes papilles gustatives étaient en éveil. Ce repas, pourtant simple, m'a fait un bien fou et dès ce jour je me suis mise à manger. Il faut dire que l'ambiance autour de la table était douce et joyeuse, loin des cris et du stress de chez mes parents.

Mes patrons m'inscrivent à la jeunesse catholique de Bâle, pour que je sorte un peu. Je prends également des cours d'allemand.

J'adore mes sorties au centre catholique, pas trop pour la religion, mais je fais connaissance avec des Français. Je commence à vraiment m'amuser avec eux.

Je me sens de mieux en mieux. Assez vite, j'ai un amoureux, Bernard, un Français qui a vingt-deux ans. Je suis très flattée qu'un homme s'intéresse à moi. C'est une relation platonique. Je ne connais rien aux hommes et à l'amour. Bernard est vraiment adorable et prévenant.

Un après-midi de congé, il me propose de venir chez lui. Comme il habite chez ses parents, j'y vais avec plaisir car je les apprécie, sauf que ce jour-là ses parents ne sont pas là.

Il m'installe dans sa chambre et va prendre une douche. Il sort de la salle de bains, une serviette enroulée autour de sa taille et vient me rejoindre. Il a un plan bien précis. Évidemment, je ne comprends pas la situation. Il me retrouve tout habillée, assise sur son lit. Et là immédiatement il comprend mon embarras et s'excuse. J'ai seize ans et demi. Je suis si naïve.

Cet homme est un miracle ! À nouveau, ma bonne étoile est là.

Il s'excuse encore le lendemain et continue à m'accompagner souvent au parc quand je promène Thomas. C'est vraiment un homme exquis, beau, drôle, gentleman avec beaucoup de délicatesse.

Étant donné qu'il est amoureux de moi, il souhaite que je reste à Bâle. Il se dit prêt à attendre mes 18 ans pour qu'on se marie.

Ça me fait immédiatement peur. J'ai si besoin de découvrir la vie, je n'ai pas du tout envie de m'enfermer dans un mariage. Pauvre Bernard !

J'ai énormément pensé à lui par la suite.

Je me sens si bien à Bâle que je prolonge mon séjour de six mois.

Ces dix-huit mois sont extrêmement bénéfiques tant sur le plan moral que physique. Je mange, je sors avec des amis, je m'amuse, j'ai un amoureux.

Hélas, comme tout a une fin. Étant mineure, encore sous la protection de mes parents, il est temps pour eux de venir me chercher et me ramener à la vallée.

Évidemment, il est hors de question que je retourne dans cette famille.

Je me sens maintenant plus forte, j'ai confiance en moi, je suis prête à affronter la vie et j'ai la capacité de travailler.

Mon ange gardien veille à nouveau car une opportunité extraordinaire s'offre à moi. Une société à Genève recherche des apprenties télégraphistes avec un petit salaire pendant la formation qui va durer une année.

Quelle aubaine ! Je m'inscris et suis acceptée. C'est le début d'une nouvelle vie parce que je vais vivre seule, me débrouiller et apprendre un métier.

Genève

Je quitte donc Bâle pour Genève. C'est un coup de foudre immédiat pour cette ville de beauté et de luxe au bord du lac Léman.

J'ai 17 ans et une telle excitation à me trouver à Genève. Un vent de liberté me chatouille les oreilles. Éblouie et émerveillée, je déambule entre la vieille ville et la nouvelle ville par le pont du Mont-Blanc qui relie les deux rives.

Je commence mon apprentissage. En parallèle, je profite de la vie. Je sors avec des amis. C'est le paradis. Seule ombre au tableau, le logement. En effet, mes parents qui sont encore responsables de moi me trouvent une chambre meublée par l'intermédiaire de l'Église catholique.

Je me retrouve chez une dame âgée, bigote, vêtue de noir, avec une petite tête de fouine. Ma porte de chambre est vitrée donc elle passe son temps à regarder ce que je fais à l'intérieur. Un jour que je suis en train de manger une pomme, elle arrive comme une furie :

— On ne mange pas dans la chambre, c'est interdit.

J'informe mes parents que je ne souhaite pas rester chez la bigote et ils me trouvent une autre chambre dans une maison vers la gare, plus près de mon travail.

J'habite désormais dans un quartier très animé. Ma logeuse est une dame dans la soixantaine, petite et ronde avec des yeux malicieux. Elle gère un hôtel.

J'ai une jolie chambre. Nous nous partageons la salle de bains. Je m'y sens bien.

Un soir, elle rentre plus tôt que d'habitude avec un monsieur.

Elle me dit :

— Ce monsieur va dormir ici car il n'y a plus de chambre à l'hôtel !

Je dis bonsoir et vais me coucher. Je me réveille en sursaut car je sens une présence à côté de moi. Le monsieur est entré dans ma chambre.

Je me mets à crier.

Ma logeuse arrive, elle dit :

— Ne crie pas, il est bien ce gars, profite !

Je ne comprends pas, profiter de quoi ? Je suis tremblante dans mon lit, le monsieur s'en va.

À nouveau, ma bonne étoile est là car le monsieur n'a pas insisté.

Peu après, j'apprends qu'en fait elle est tenancière d'un hôtel de passe aux Pâquis, le quartier des prostituées. Elle a dû lui dire : j'ai une petite jeune fille à la maison qui serait sûrement ravie d'avoir une visite nocturne !

Sauf que la gamine est naïve et timide. Elle ne connaît rien au monde de la nuit ni aux hommes…

Mes parents qui m'ont placée dans cette chambre auraient été scandalisés s'ils l'avaient su. Ils l'ont appris quelques années plus tard, choqués.

Après cet épisode, je recherche moi-même une nouvelle chambre et j'arrive sur le quai du Mont-Blanc, très beau quartier de Genève chez une dame d'un grand âge. La chambre est sombre.

Quand je rentre dans l'appartement, la vieille dame est assise dans le hall, dans le noir. Je ne sais pas pourquoi elle se tient là. Est-ce qu'elle m'attend ? Elle me fait peur. Je pousse un petit cri à chaque fois !

Malgré l'inconvénient de la chambre, je m'y sens bien, je termine mon apprentissage. L'entreprise pour laquelle je travaille s'appelle Radio-Suisse. Il y a une très bonne ambiance. Nous sommes nombreux, une quarantaine d'hommes et de femmes. Les horaires sont irréguliers, ce qui me plaît bien. Je tape rapidement sur mes machines de télégraphe. J'aime énormément ce métier qui m'offre un joli salaire.

Après trois années à Radio-Suisse, la maison Reuters, qui se trouve à l'ONU, recherche une télexiste. Grâce à ma rapidité, ils me choisissent. C'est un nouveau challenge. J'aime le changement, je fonce dans ce nouvel emploi.

C'est un tout nouveau monde qui s'ouvre à moi, celui de la presse. Tout va très vite, c'est vivifiant. Que des hommes comme collègues, ça me plaît beaucoup aussi.

J'ai une telle soif d'apprendre, tout… de rencontrer des personnes enrichissantes, d'autres milieux… encore et encore.

L'événement

Sur le plan amoureux, j'ai dix-sept ans, je ne connais rien à l'amour. Un soir, l'ami de mon petit copain, un homme d'une vingtaine d'années, beau parleur, qui a repéré l'oie blanche que j'étais, me propose d'aller chez lui. Je le suis naïvement. Je ressens une sorte de curiosité mêlée à de la peur, un doux mélange.

Il commence à me déshabiller. Je le laisse faire. Je ne consens pas, ne démens pas, de toute façon il n'attend pas de consentement de ma part, il sait très bien ce qu'il veut. En état de sidération, je subis sans contrainte.

Avant de partir, il me demande :

— Quand as-tu eu tes dernières règles ?

Il est fâché avec ma réponse :

— Tu prends la pilule ?

— Non

— Quelle idiote !

Je sors précipitamment de chez lui. Il fait nuit. J'attends le bus.

Je suis en colère contre moi. Pourquoi ai-je suivi ce type ? Que m'est-il arrivé ? Pourquoi j'ai laissé faire ? Je m'en veux terriblement de ce moment de faiblesse.

Comment ai-je pu être si stupide ? Je veux le chasser de ma mémoire, vite, vite.

N'ayant eu personne pour m'éduquer, je suis victime de mon ignorance. Jusqu'à présent, j'ai de bons amis hommes, je flirte beaucoup avec eux, mais cela reste platonique et je pense que tous les hommes sont des Bernard ! si respectueux ! J'apprends à mes dépens, mais trop durement puisque je suis enceinte de cet homme.

C'est un véritable cataclysme. Je m'en veux encore plus, alors que jamais je n'en ai jamais voulu à cet homme. Je me considère la seule fautive (*comme je l'ai toujours été avec ma mère*). Je me répète inlassablement : POURQUOI j'ai accepté d'aller chez lui !

Je dois ôter cet égarement de mon corps. Vite… Cet homme n'est rien pour moi, juste une erreur. Poursuivre cette grossesse toute seule. C'est impossible, la question ne se pose même pas. Je suis une jeune victime.

Je décide de prendre les choses en main. Je prends rendez-vous avec un gynécologue qui confirme la grossesse. Je lui parle de suite d'avortement. Il m'informe que je dois consulter un psychiatre. Ce que je fais rapidement. Ce dernier, devant mon immaturité, rédige le certificat pour l'avortement.

À aucun moment, les médecins ne m'ont posé des questions sur « l'homme ». Je suis tout de même mineure ! Quelques dizaines d'années plus tard, cet homme serait accusé de viol, ni plus ni moins. Il devrait payer pour cela.

Un autre problème surgit. Et celui-là n'est pas des moindres ! J'ai moins de 18 ans et je dois avoir le consentement de mes parents ?

Aïe ! je voulais à tout prix éviter cela. Mais c'est la loi et le médecin prend contact avec eux pour leur annoncer « la bonne nouvelle » !

Mes parents arrivent illico de la Vallée, chez moi, dans ma chambre à Genève. Ils sont tellement en rage qu'ils ne voient même pas la dame âgée assise dans le hall. Ma mère est rouge de colère. Et là les insultes pleuvent :

— Tu es une P… je n'élèverai pas ton bâtard !

Elle lève le bras pour me frapper. Mon père est à côté, il ne dit rien comme d'habitude.

Je ressens un poids énorme dans ma poitrine. J'ai envie de pleurer et suis complètement outrée. Un bâtard, quel bâtard ? J'ai juste besoin de leur signature pour avorter, c'est tout. Je ne comprends pas ce déferlement de haine.

Je ne peux même pas me défendre tellement elle crie.

Après leur départ, je suis en état de choc. Je vis déjà quelque chose d'atroce et la visite de mes parents me met définitivement à terre. Je pleure beaucoup.

Mes parents non plus ne m'ont posé aucune question sur « l'homme » ?

La seule idée que j'ai à ce moment-là est de ne jamais les revoir. Ils m'ont fait trop de mal. Je décide de leur écrire une lettre **d'ADIEU**. J'écris à quel point ils m'ont blessée. Je leur explique comment tout est arrivé ? C'est définitif, je veux les sortir de ma vie.

C'est sans compter avec la culpabilité que je trimbale depuis la fameuse phrase sur le quai de la gare « **cœur de pierre** ».

Finalement, ils donnent leur accord pour l'avortement. Je prends rendez-vous à l'hôpital cantonal de Genève pour l'intervention.

Je n'ai rien dit à mon travail pour mon absence de deux semaines. J'ai trouvé simplement l'excuse d'être malade. Personne n'a rien su de ce que j'avais vécu.

Peinture aux pigments
Femme mystère

L'hôpital

Je traverse cette épreuve seule. Je me rends à l'hôpital pour l'intervention.

Nous sommes quatre femmes dans la chambre, toutes pour la même raison. Les infirmières nous traitent avec mépris et nous prodiguent juste les soins nécessaires. Nous ressentons très fortement leur rejet.

Je ne peux m'empêcher de penser aux femmes qui ont vécu leur avortement avec des passeuses d'enfant, dans un coin de leur cuisine, sans hygiène. Malgré la difficulté que j'éprouve face aux soignantes, à leur regard méprisant, je mesure la chance d'être dans un hôpital et je fais l'impasse sur leurs jugements.

À nouveau, cette terrible solitude s'installe *solitude, mon ombre qui me suit partou*t. C'est un sentiment que je connais si bien que je m'y réfugie de suite. Les femmes ne se parlent pas. Nous vivons cette épreuve chacune différemment et n'éprouvons pas le besoin de communiquer. C'est déjà tellement compliqué.

À aucun moment, je n'ai pensé bébé, mais seulement à l'erreur, à la bêtise, à l'ignorance.

Après quelques jours d'hôpital, mes parents, qui ont reçu ma lettre de rupture, essayent de me récupérer et me proposent de venir quelques jours à la Vallée pour me reposer. Ils se sentent si coupables de m'avoir maltraitée, ils se montrent aimables, comme rarement.

Je ne ressens pas le traumatisme que certaines femmes décrivent de leur avortement. Pour ma part, c'est un immense soulagement. Probablement que cette douloureuse épreuve me fait grandir.

Je découvre aussi qu'il y a plusieurs catégories d'hommes, j'apprends à connaître la gent masculine.

Je viens de tellement loin. Mes expériences se font à grands coups de souffrance. Par contre, j'ai développé un sixième sens qui me donne du discernement pour ne pas me brûler à nouveau les ailes. Ça ne marche pas toujours, mais souvent.

Par la suite, je reprends peu à peu une vie normale. J'ai tellement appris de cette expérience. Cependant, je reste un petit animal blessé. Je m'accroche à la vie en espérant des jours meilleurs.

J'attends maintenant avec impatience l'anniversaire de mes vingt ans pour être totalement indépendante, quitter les vieilles dames et avoir mon propre logement.

Je trouve un très joli studio sur les hauteurs de Genève, à Champel.

Mon premier chez-moi, c'est un sentiment incroyable, je me sens libre et heureuse. C'est l'apothéose.

Peinture aux pigments

L'Algérie

Je travaille dans une banque à Genève. À cette époque, c'est courant de changer de travail, c'est pourquoi je donne mon congé à la banque pour un nouveau projet. J'ai un peu de temps devant moi. De ce fait, j'accepte la proposition de ma collègue de l'accompagner en Algérie retrouver sa sœur, pour deux semaines de vacances. Cette idée m'enchante.

J'annonce à mes parents où je vais en vacances, ils sont consternés :

— Quoi, tu pars dans un pays arabe ! Tu vas mal finir ! C'est la traite des blanches là-bas ?

En Suisse, j'ai un petit ami parisien qui travaille au CERN (organisation internationale pour la recherche nucléaire). En comparaison des copains de mon âge, il a déjà un excellent statut social. J'apprécie aussi sa maturité.

Je ne suis pas vraiment amoureuse de lui mais je me laisse aimer.

Il n'est pas trop favorable à mon départ en Algérie, mais il n'a pas le choix, voyant ma détermination.

Par conséquent, contre l'avis de tous, je pars en Algérie contente et excitée. C'est l'aventure !

Et là, c'est l'émerveillement, je suis accueillie, entourée, choyée. J'y découvre une autre façon de vivre. La maison de la sœur de ma copine est immense. Elle est située sur un rocher qui domine la mer, à quelques minutes d'Alger. Dans cette maison, c'est le fourmillement. Quelques Français et quelques Algériens. Tous sont là pour travailler.

Les hommes sont au travail une partie de la journée. Nous, les femmes, allons nous baigner dans la mer qui se trouve juste en contrebas et restons un peu au soleil, soit nous rendons au marché faire quelques courses. Après leur travail, les hommes partent à la pêche. Ils ramènent du poisson pour le dîner. Pendant ce temps, nous nous occupons de la cuisine. Nous préparons des légumes, toujours des poivrons grillés et quelques salades.

Chaque soir, nous dînons dans une ambiance joyeuse, nous rions, nous chantons, nous dansons. Je me sens pousser des ailes. Je n'ai jamais connu cela.

Nous profitons de danser tard tous ensemble sans se préoccuper de ranger la maison car chaque jour à 6 h du matin Fatima est là pour tout nettoyer. C'est la belle vie.

Certains soirs, nous sortons avec des copains algériens qui nous emmènent dans des soirées avec de la musique et de la danse orientale.

Je découvre la musique arabe qui m'enchante. J'aime tout de ce pays. Tout le monde me traite avec énormément de bienveillance.

Plusieurs fois par mois, les après-midis, avec les filles de la maison, nous partons au bain maure. Ce sont des bains publics. Nous y passons quelques heures. Des femmes sont à notre disposition pour nous laver au savon noir, laver nos cheveux. Elles nous offrent des fruits. Ce sont des après-midi délicieux. Je me sens à chaque fois comme un nouveau-né.

J'ai vingt-deux ans. Physiquement, je suis devenue femme, grande et mince aux longs cheveux blonds bouclés. Je me sens belle dans le regard des hommes. Toutefois, je ne suis jamais importunée par eux. Ils me regardent avec admiration et me respectent. On est bien loin de la traite des blanches dont me parlaient mes parents.

Je n'ai pas envie de repartir. C'est à coup sûr la première fois de ma vie où je suis si heureuse. Loin de toute contrainte, je me sens protégée par tout le monde, à l'abri des prédateurs, comme dans un cocon. C'est pourquoi je prolonge mon séjour de quelques mois.

C'est le monde à l'envers. En Suisse, je suis une proie et en Algérie je suis tranquille.

Le jour arrive ou je dois rentrer. Je dois travailler et retrouver mon copain. Il m'a écrit plusieurs fois, moi jamais. Je crois que c'est mon caractère, je ne m'ennuie jamais des gens.

La veille de mon départ, je profite encore une fois du soleil et de la mer. J'enduis mon visage d'une crème solaire que j'ai achetée au supermarché du village, qui me provoque une énorme allergie. Le soir, j'ai mon visage qui a doublé, mes yeux sont enfoncés dans le crâne. Les copains de la maison sont apeurés de me voir. Ils coupent des concombres et des pommes de terre qu'ils appliquent sur ma peau pour essayer de me faire dégonfler.

Peine perdue, le visage reste gonflé. Le lendemain, je prends l'avion dans cet état.

J'ai l'air d'un monstre. Je fais peur. Le pire est à venir, mon copain tellement heureux de me revoir vient à l'aéroport avec ses parents, venus de Paris.

Je ne les connais pas encore. Ils vont être contents de leur voyage !

J'arrive à l'aéroport de Genève. Mon Dieu, quelle horreur ! Le copain panique, ses parents sont horrifiés.

Heureusement, quelques semaines plus tard, à la suite de traitements appropriés, mon visage redevient normal. Par chance, il n'est pas abîmé.

Aquarelle
Petit commerce dans une ruelle d'Alger

Mon premier fiancé

La première fois que ma mère le rencontre, elle me dit :

— C'est tout ce que tu as trouvé, ça ne m'étonne pas de toi !

Il faut dire que ma mère est raciste, elle déteste les Français. J'ai donc tapé dans le mille avec ce monsieur ! Elle finit par se résigner.

J'ai vingt-deux ans. Nous nous fiançons officiellement et fêtons l'événement dans un restaurant avec nos parents respectifs. L'ambiance n'est pas à la joie, surtout du côté de mes parents. J'ai plutôt l'impression d'être à un enterrement, plutôt qu'à des fiançailles.

Quelque temps plus tard, un grave accident de plongée brise son dos et nos fiançailles. Il a les vertèbres cervicales cassées. Il est immobilisé pendant de longs mois et finit par perdre son travail.

À ce moment-là, je vis à Genève dans un studio. Je travaille dans une petite compagnie d'aviation privée, qui est également une école de pilotage.

Je suis l'assistante de vente pour Les Learjet (avions privés), le travail me passionne. Je côtoie les pilotes, qui sont de grands séducteurs, c'est bien connu. Ils me font la cour. Jacques Brel apprend à piloter et je le croise régulièrement. L'ambiance dans ces bureaux est extrêmement sympathique.

C'est à ce moment-là que mon fiancé se fracture la colonne vertébrale et est immobilisé. C'est impossible pour lui de rester seul. Sa mère m'invite à aller vivre chez lui en France voisine afin de m'occuper de lui.

J'accepte de le faire jusqu'à ce qu'il se rétablisse. Sauf que c'est le début d'un vrai cauchemar. Son accident a modifié son comportement. Il ne supporte pas son état. Psychiquement, il devient comme fou, maladivement jaloux, fait des crises, veut se suicider, etc.

Il y a comme une odeur de déjà-vu. « **Solitude, tu es mon ombre qui me suit partout.** »

Il essaye de me frapper, me menace. Je dois m'enfuir rapidement avant qu'il y ait un drame.

Je dois retourner dans mon studio au plus vite. Pour cela je demande l'aide de mon père. Ce qu'il fait sans hésiter puisqu'il n'aime pas mon fiancé. Peut-être est-il également content d'aider sa fille ?

Après cette épreuve, je me retrouve psychologiquement usée par cet épisode, extrêmement maigre et sans force. Heureusement, je n'ai jamais lâché mon travail et mes collègues me soutiennent moralement.

Cet homme, devenu malade, m'a harcelée et poursuivie encore pendant de longues semaines. Je craignais de rentrer chez moi.

Fort heureusement, ma bonne étoile est toujours là…

Peinture abstraite aux pigments

Le mariage

Mon mari

Quelques semaines plus tard, je fais la connaissance de R. grand, plutôt bel homme, bienveillant et calme à l'opposé de mon ex-fiancé. J'ai tellement besoin de cette délicatesse après ce que j'ai vécu que je me laisse bercer par ce nouvel amour apaisant.

R. vit encore chez ses parents qui possèdent une propriété dans la campagne genevoise. Ses bureaux se trouvent à leur domicile.

À l'âge de 14 ans, après avoir fait une bêtise (emprunt d'un Vélo Solex), son père a décidé de l'éloigner de Genève et l'a inscrit dans un collège protestant en Gironde, à 90 kilomètres de Bordeaux, à Sainte-Foy-la-Grande, petit village de 80 habitants. Il est placé dans une famille d'agriculteurs, de classe sociale opposée à celle de sa famille suisse.

Interne au collège, il passe les week-ends dans sa famille de cœur.

Ces gens sont si bienveillants qu'ils l'adoptent comme leur fils, ce qui est extrêmement positif pour le jeune R. qui se sent rapidement en confiance avec eux. Ils seront sa deuxième famille durant quatre années, ce qui adoucit considérablement sa peine d'être si loin de la sienne car la première année est bien difficile pour R. C'est une épreuve bien lourde qui marque cet adolescent. Son père n'a pas hésité à l'éloigner à 900 kilomètres pour une bêtise d'adolescent.

Quatre ans plus tard, il revient à Genève. Il travaille dans l'entreprise de son père et celui-ci ouvre un département consacré aux vins et particulièrement aux grands vins de France. Il nomme son fils à la tête de ce bureau. Cette activité plaît énormément à R. étant donné qu'il a vécu dans le bordelais. C'est aussi l'occasion de retourner souvent dans sa famille de cœur en Gironde.

Il se passionne désormais pour les grands vins de Bordeaux et est invité régulièrement dans les châteaux viticoles pour des dégustations.

Peu de temps après notre rencontre, il m'emmène là-bas. Il tient à ce que je connaisse cette famille au grand cœur. Il en profite pour me faire visiter la région et forcément les châteaux viticoles de renom.

J'aime cette région du sud-ouest, ses vignobles à perte de vue, sa gastronomie ainsi que ses excellents grands crus.

Quatre années hors de sa famille, une épreuve pour ce garçon réservé. Son père sent cette fragilité et en profite pour l'exploiter et exercer sur lui une emprise.

R. me confie les problèmes qu'il vit avec son père. Il comprend qu'il doit se détacher de cette autorité et ne plus subir cet homme. Progressivement, il y arrive. Il quitte l'entreprise de son père pour créer sa propre structure dans le commerce des grands vins de France, qui se révèle être un franc succès.

Heureux et amoureux, nous décidons de nous marier. J'apprends également que je suis enceinte.

Le grand jour arrive. C'est un mariage à l'ancienne. Église et robe blanche. C'est un des plus beaux jours de ma vie. J'irradie de bonheur. Je suis en compagnie de ma sœur car le futur mari ne doit pas voir son élue de cœur avant la cérémonie.

J'ai au fond de moi l'espoir que ce jour-là, ma mère me voit...

J'enfile ma magnifique robe de mariée. Ma sœur m'enveloppe de tendresse, elle m'embrasse, me complimente, elle est aux anges.

Mes parents arrivent et là, ça ne se passe pas comme dans les films ou la maman félicite sa fille :

Elle me demande :

— Comment tu me trouves ?

Soudain c'est un bouleversement, pendant quelques secondes, la colère me submerge et, abasourdie, je réponds :

— Bof... pas terrible.

Je suis si déçue, que même en ce jour sacré, elle ne me considère pas comme sa fille mais plutôt comme une rivale. Elle n'a pas su accueillir ma joie et mon bonheur.

Ma lueur d'espoir s'en va.

Ensuite, ses yeux se tournent vers moi. Son regard est noir, je ressens de suite **sa jalousie** qui me toise.

Bien entendu, aucun compliment ne sort de sa bouche. Elle tourne la tête et s'en va... vexée... que je ne l'ai pas complimentée.

Comment décrire ce que je ressens à ce moment-là ?

Écœurement, déception, blessure, tristesse... tout à la fois.

J'évite de côtoyer ma mère toute la journée. Je réussis à dépasser cet état d'être afin de savourer ce merveilleux jour dans sa plénitude.

Plus tard, ma mère a dit à qui voulait l'entendre que mon mariage a été le pire jour de sa vie.

Afin de nous rendre à l'église, une limousine avec chauffeur nous attend devant la maison. Mon père, ma sœur et moi prenons place.

Mon futur mari ainsi que les invités nous attendent à l'intérieur de l'église.

Nous arrivons cinq minutes en avance. Le chauffeur se met en retrait dans une petite ruelle et nous observons les invités qui entrent dans l'église.

Je n'en reconnais aucun. Moment de panique... mais qui sont ces gens ? Je demande au chauffeur ?

— On est bien à l'église protestante du Petit-Lancy ?

— Non, nous dit-il, nous sommes à l'Église catholique !

Branlebas de combat. Le chauffeur est confus. Il cherche sur son plan ou se trouve l'autre église. Les minutes passent. Ma sœur et moi rions, ce doit être nerveux. Mon père est très inquiet.

Finalement, il repère l'église sur son plan. Elle se trouve quelques rues plus loin. Il est si stressé qu'il ne la trouve pas. Il demande à des passants. C'est tellement énorme que c'en devient comique. Une grande limousine de mariage avec la mariée à l'intérieur mais sans église.

Le temps passe et 20 minutes plus tard enfin nous arrivons. Mon futur mari est debout devant l'autel. Il ne comprend pas, il est inquiet. Tous les invités sont assis. Le curé et le pasteur sont dehors à regarder leur montre. Oui car après nous, il y a un autre mariage.

Nous avons opté pour un mariage mixte étant moi-même catholique et R. protestant.

Mon futur mari est en panique. Les invités se moquent :

— Elle ne viendra pas... va en chercher une autre !...

Enfin, j'entre dans l'église, très enflammée, mon bouquet de mariée en l'air, comme si je tenais la flamme olympique. Le temps n'est pas à l'émotion, contrairement à R. qui se trouve debout devant l'autel depuis plus de 20 minutes, une grosse larme coule le long de sa joue en me voyant. L'émotion est vive.

Le curé qui est souvent au café du coin est arrivé à l'église déjà passablement éméché.

Lors de la cérémonie, il marmonne plusieurs fois la même phrase. Je ne comprends rien à ce qu'il dit. En fait c'est assez drôle et cela m'amuse plutôt. Ma belle-famille ne rit pas du tout, elle est choquée de notre choix. C'est mon mari qui a trouvé ce curé, un habitué du flipper et du coup de blanc, au café de la radio de son pote Eddy.

Ce mariage est comique. J'ai l'impression de jouer dans une pièce de théâtre. Ma mère avec sa tête d'enterrement ! car je ne l'avais pas complimentée sur sa robe. Le curé éméché, la mauvaise église ! Un mariage drôle et très réussi pour tout de même 12 ans de vie commune heureuse.

Après le mariage, nous vivons notre vie de jeunes mariés, comblés et commençons l'aménagement de la future chambre du bébé.

Mon fils

Mon fils

Quelques mois plus tard, S. arrive au monde.

Je suis inquiète à l'idée de mettre au monde une fille (certainement à cause de ce que ma sœur et moi avons subi). Je suis persuadée que les filles ont moins de chance dans la vie. Quel soulagement, c'est un garçon magnifique.

L'accouchement se passe normalement, c'est le plus grand bonheur de ma vie. Je le contemple, fière et si chanceuse d'avoir mis au monde cette petite merveille. J'ai immédiatement confiance en ce petit être.

J'arrête de travailler pour m'occuper de lui et vis à son rythme, épanouie et comblée. Je m'amuse autant que lui de nos jeux, cache-cache et fous rires.

Je le regarde grandir, jour après jour, avec toujours cette immense joie. Je veux tout pour lui, surtout qu'il soit heureux. Quand il pleure, je veux prendre ses larmes, je ne veux pas qu'il souffre « comme moi j'ai souffert ».

Par la suite, je comprends que c'est utopique de penser comme cela mais c'est la seule façon que j'ai à ce moment-là. Ce sont mes tripes qui parlent.

C'est un magnifique enfant blond aux cheveux bouclés, couleur des blés, un garçon vif, difficile, qui s'intéresse à tout. Je me régale au quotidien avec lui mais ce n'est pas facile à gérer. Mon autorité sur ce petit chenapan est bien faible.

J'ai toutefois la notion instinctive de lui offrir à la fois la liberté et la sécurité. Ce qui lui permettra plus tard d'inventer son parcours.

Il passe ses journées à découvrir, j'aime l'idée qu'il apprenne par lui-même et j'ai déjà la notion de n'être qu'un tuteur pour l'aider à grandir et à se construire.

Mes parents, toujours eux décidément, trouvent que je ne sais pas l'élever, que je lui laisse tout faire. Je m'en fiche.

Je choisis de ne pas travailler durant sa petite enfance. Je n'ai pas envie de le mettre en garderie ni chez des nounous. Jamais je n'ai regretté ce choix. Je mesure chaque jour l'énorme privilège que j'ai de pouvoir le faire. Quand il commence l'école enfantine à six ans, je reprends le travail à cinquante pour cent.

Mon mari me soutient dans ma façon de faire. Il ne cherche jamais à changer nos comportements ni à l'un ni à l'autre. Il fait avec.

Lorsque S a deux ans, j'ai dans l'idée qu'on pourrait adopter un enfant du même âge afin qu'ils grandissent ensemble. La peur d'être enceinte et d'accoucher d'une fille me fait renoncer à avoir un deuxième enfant.

R. n'y est pas favorable. Je suis déçue mais finalement nous sommes bien tous les trois alors pourquoi changer cela.

S. est intelligent, curieux, s'intéresse à tout, a un caractère bien trempé.

Sa petite enfance est très joyeuse. Son enfance aussi, c'est le début de la confrontation avec l'école. Il est heureux en classe quand il se sent aimé sinon il lui est arrivé de faire l'école buissonnière. Un jour son grand-père qui l'accompagne à l'école l'aperçoit se cachant derrière un buisson. Sans savoir quoi que ce soit, il pense qu'il ne veut pas aller à l'école et condamne immédiatement la maîtresse. Il se précipite vers elle pour l'insulter. Il veut tellement que son petit-fils soit heureux, c'est évident pour lui qu'elle est la fautive. Il nous dit :

— Elle a une sale tête, je comprends qu'il ne veut pas y aller !

Ce n'est pas un enfant « facile », c'est un rebelle. Difficile de partager des vacances avec des amis ou de la famille qui ont des enfants car il est terrible avec les enfants des autres.

Il ne pleure jamais mais fait continuellement des bêtises.

Certainement que je veux « trop » tout pour lui. Je le surprotège.

À neuf ans, nous faisons un magnifique voyage aux États-Unis, ce qui provoque son envie de voyager, sa passion de sa rencontre avec les autres. Il en fera son métier.

À douze ans, nous nous séparons avec son père. C'est une période bien douloureuse pour tous et il en souffre beaucoup.

Pour son entrée au collège, nous choisissons une école privée qui, à notre avis et dans le contexte de transition familiale, permet une meilleure prise en charge des enfants (repas de midi et études surveillées) ce qui m'aide considérablement pour reprendre le travail.

Il suit cette école jusqu'à l'entrée à l'université.

L'école se trouve dans une ancienne villa, entourée d'un parc aux arbres séculaires. C'est un emplacement idyllique. Il y a peu d'élèves. Les professeurs sont d'excellents pédagogues. S. s'y sent très bien.

Après la maturité fédérale (équivalent du bac en France), il entre à l'université de Genève en sciences politiques. Il poursuit son master à Berkeley, en Californie.

À la fin de ses études, il travaille dans différentes entreprises puis choisit d'être indépendant. Depuis quelques années, il exerce en tant que professeur de yoga. Il organise des stages à l'étranger. Les voyages représentent la majeure partie de son activité qu'il crée comme d'autres créent une peinture, un bijou ou une œuvre littéraire. Il les organise dans des lieux sacrés partout dans le monde et propose aussi des voyages thématiques en petits groupes.

Sa société de voyages s'intitule (VENTO, voyages en terres d'Orient) qui se prononce venne-to qui se réfère au vent et au souffle.

Enfant, il était un explorateur et il a continué dans cette voie afin de transmettre à d'autres ses découvertes.

Les hommes

Mon enfance m'a privée de père. Mon frère s'est détourné de moi quand j'avais sept ans. Par conséquent, toute ma vie j'ai été en quête de « l'homme ». Le regard de chaque homme se posant sur moi était un événement.

— J'avais un tel manque de vous, messieurs...

Le bonheur du couple était-il fait pour moi ?

Oui, à partir du moment où je ne cherche plus quelqu'un qui va combler mes manques. À travers les hommes, je recherchais ce que mon père ne m'avait pas donné.

Du fait de mon physique, j'ai toujours attiré les hommes. C'était compliqué pour moi à gérer, n'étant pas du tout sûre de mon charme au regard de ma fragilité intérieure. Mon côté naturel, sauvage et sensuel les attirait, sans que je fasse quoi que ce soit. Je n'ai jamais cherché à séduire consciemment.

Fort heureusement, souvent, ma vie a été jalonnée de belles rencontres amoureuses. À chaque fois c'était un nouvel univers, une page qui s'ouvrait. Je prenais chaque relation avec bonheur. Elle s'arrêtait quand la fluidité n'était plus là. Je ne m'accrochais jamais à quelqu'un.

Après chaque relation, je retrouvais mon espace privé, sacré, c'était vital pour moi.

Tous ces hommes qui ont compté dans ma vie, du petit ami, à l'amant de passage, avec leurs manières, imparfaites, incomplètes ont contribué à me faire grandir.

Avec le temps, j'ai compris que c'était à moi de me donner tout l'amour dont j'avais besoin. J'avais un tel manque affectif qu'aucun homme ne pouvait le combler car inconsciemment, je recherchais mon père.

L'amant

Même si je suis heureuse dans mon mariage et encore plus depuis l'arrivée de notre fils, je ne reçois pas vraiment de tendresse de R. qui ne me valorise pas, il ne sait pas exprimer ses sentiments ni ses émotions et je revis la frustration de mon enfance. La communication affective est également absente de notre couple.

Il ne me donne pas ce que je réclame en silence à cor et à cri.

Au début, je n'y fais pas attention, mais de plus en plus ça me manque.

Petit à petit, j'accepte volontiers les compliments qui viennent d'autres hommes. J'en ai viscéralement besoin. Après le manque de considération de mes parents, ou plutôt les critiques, je suis friande d'attentions. Je les prends avec avidité. Ça m'aide beaucoup.

Comme je l'ai dit précédemment, j'ai la chance de ne pas travailler pendant la petite enfance de mon fils. J'ai une immense gratitude pour ce privilège. Tout roule dans cette petite famille jusqu'au jour où, loin de toute attente, un homme va chambouler ma jolie petite vie tranquille.

Est-ce que le bonheur paisible peut vraiment exister dans ma vie ?

En effet, je ressens une décharge électrique lorsque F. pose son regard sur moi. Je brûle de partout. Je n'arrive plus à parler, je balbutie. Mais que m'arrive-t-il ?

C'est tellement inattendu. Je sors de son bureau, les mains moites, en sueur. Je lutte pour ne plus y penser. C'est sans compter sur l'inconscient. Chaque nuit pendant quinze jours, il me hante.

Je ne veux pas, c'est quoi ça ? Je suis bien dans ma vie. Je ne veux rien d'autre, rien, rien !

C'est sans compter sur une force invisible qui décide pour moi. Quelque temps plus tard, je me retrouve à nouveau face à lui et là c'est le même scénario. Je me liquéfie en sa présence, totalement chamboulée, je ne comprends pas ce qui m'arrive.

Vite, je dois chasser F. de mon esprit. Je m'y emploie avec force.

J'en parle à mes meilleurs amis et leur demande de l'aide. Je suis perdue. Que m'arrive-t-il ? Ils comprennent la puissance de ce qui se passe et me promettent de me soutenir quoi qu'il en soit.

F. vit maritalement. Il a le même ressenti. Il est aussi perdu que moi. Il prend conscience de son embourgeoisement marital mais en même temps ne veut pas faire du mal autour de lui.

Il sent viscéralement qu'il doit vivre ce qui est en train de se dessiner sous ses yeux et va s'y employer de toutes ses forces.

Chaque jour il m'écrit de longues lettres romantiques et puissantes sur son ressenti de vie.

Nous basculons petit à petit dans une histoire d'amour qui nous dépasse.

Je prends tout ce que F. me donne. C'est une nourriture pour mon âme.

Nous sommes tous deux conscients de la difficulté d'une telle relation et faisons de notre mieux pour préserver nos conjoints respectifs jusqu'au jour où la femme de F. apprend notre liaison et lui fait du chantage au suicide.

F. est meurtri et choisit de s'éloigner de moi afin d'apaiser la situation.

Cette liaison prend donc fin de mon côté aussi car je ne veux pas faire de mal et détruire ce que j'ai construit avec mon mari.

Ce dernier, désormais au courant, se montre compréhensif et patient. Petit à petit, la vie continue tranquillement entre nous.

J'imagine qu'il a aussi son jardin secret, c'est probablement la raison de sa réaction.

Je réalise ensuite que mon mariage aurait pu voler en éclat et que grâce à l'attitude de mon mari, nous avons préservé notre vie à trois.

Je jure de ne jamais recommencer mais…

Au fond, ce que je recherche c'est d'être regardée, d'être vue, de ne plus être transparente, d'exister, d'être vivante.

Je me sens comme un puits sans fond, jamais rassasiée, avide de compliments et d'amour et forcément, le même scénario va se reproduire !

Modelage – le couple

Séparation

Fatalement, après douze ans de vie commune, nous nous séparons. Bien sûr ce n'est facile pour personne. Notre fils en souffre, nous aussi. Nous gardons notre bonne entente et pendant trois ans, nous nous retrouvons le dimanche et partons en vacances ensemble afin de préserver le lien.

Il n'y a pas de bagarre, pas de scène, nous divorçons trois ans plus tard.

Nous avons fait du mieux que nous pouvions avec nos passés compliqués. Nous en sommes conscients.

R. s'occupe bien de son fils jusqu'au jour où il fait la connaissance de K. qui deviendra sa nouvelle épouse. À ce moment-là, il coupe les ponts avec moi. Il garde le lien avec son fils mais plus épisodiquement.

Par la suite, il divorcera également, du fait de ce manque de communication affective.

Après vingt-cinq ans de silence, il m'a appelée pour prendre de mes nouvelles et nous avons renoué le lien précieux qui nous unissait.

Nous avons fêté Noël dernier ensemble en famille avec notre fils et avons partagé de grands moments joyeux et sereins.

Peinture aux pigments
Personnages qui dansent

Ma liberté

J'ai réussi dans ma vie à atteindre une sacrée liberté, gagnée au fur et à mesure de mon parcours. La liberté est un bien immense.
Voici le mode d'emploi de ma liberté !

Ne rien attendre des autres ;

Pas de luxe pour me sentir satisfaite ;
Pas de dépendance ;
Pas de soumission, religions et dogmes…
Pas de contrainte ;
Pas d'obsession sur le temps qui passe ;
Pas besoin de combler mes manques par des personnes ;
Pas besoin de gloire ;
Pas de jalousie.

C'est oser VIVRE…

Pourquoi être libre ?

Car la liberté permet de choisir !
De pouvoir dire non !
De ne pas adopter une apparence !

QU'AI-JE FAIT DE CETTE LIBERTÉ ?

Je me suis construite pour être née à moi-même.

Photographie
Au café Pierre Loti, vue sur la Corne d'Or

La Turquie

La rencontre avec N. pour un tissu ?

C'est une soirée d'été à Genève avec une amie. Au restaurant, le voisin de table me tend sa veste et me demande gentiment de la poser sur la banquette à côté de moi. Je prends la veste et je touche le tissu d'une douceur incroyable, on dirait de la soie. Je garde mes mains sur ce tissu, c'est une caresse.

Je lève mon regard pour voir qui est cet homme qui porte un tel tissu. Et là mes yeux s'accrochent aux siens. C'est instantané.

Nous nous plaisons. Nous allons vivre une belle histoire entre la Suisse et la Turquie. N. est turc et divorcé. Il vit à Genève, sa famille à Istanbul. Il a hâte de m'y emmener.

Lors de mon premier séjour, en arrivant dans cette ville immense, j'entends l'appel à la prière. Un bruit sourd résonne dans la ville, je m'arrête de marcher pour écouter. Une immense émotion me saisit.

Istanbul est une ville entre deux continents, l'Asie et l'Europe, entre deux mondes, le traditionnel et le moderne, à la croisée de deux mers, la mer Marmara et la mer Noire. Malgré ses 15 millions d'habitants et un doux chaos, c'est une ville sûre. Je m'y sens bien. Impressionnée et émerveillée à chaque instant. C'est Byzance.

Après deux ans d'amour et de visites à Istanbul, N. reçoit une proposition pour intégrer l'Université d'Istanbul en tant que professeur. Il finit par accepter pour se rapprocher de sa mère et de sa fille, née de son premier mariage.

N. m'emmène naturellement dans sa famille. Sa mère est une femme adorable, petite et fine avec un charisme fou. Je ne parle pas turc, mais on se comprend de suite. Elle m'accueille les bras ouverts, cuisine pour moi des plats turcs, des mezzés. Chaque fois que je vais à Istanbul, elle m'offre la même hospitalité.

Après le dîner, généralement on s'installe au salon. Elle fume des cigarettes très fines et enchaîne en lisant mon avenir dans le marc de café. À chaque fois, elle me prédit une longue vie avec son fils.

C'est sûrement mal me connaître !...

La fille de N. me fait visiter la ville, les mosquées, les palais. Nous faisons du shopping. C'est une jeune femme de 19 ans, étudiante, belle et douce. Je l'aime de suite. Elle prend grand soin de moi, c'est une merveilleuse guide bienveillante. Avec elle, je découvre la jeunesse turque. C'est une jeune femme moderne, elle vit comme une Occidentale, elle ne couvre pas ses cheveux. Elle sort en boîte avec les jeunes de son âge, elle s'amuse, elle est heureuse. À ses côtés, je me sens bien, protégée, choyée. Je compare ma vie à 19 ans en Suisse et je ne vois aucune différence. Les jeunes Turcs sont libres et émancipés. Ils sont gais et vivent pleinement. Je profite à fond de mes privilèges et vis mes séjours en Turquie complètement détendue. À chaque fois, une nouvelle force de vie me gagne. Je n'ai pas souvent éprouvé un tel bien-être.

Pour notre première visite touristique, on a choisi la fameuse **Mosquée bleue**. C'est un des plus beaux édifices qu'il m'ait été donné de voir, probablement la plus célèbre et la plus grande mosquée qui représente l'architecture ottomane. Plus de 20 000 tuiles de céramiques bleues décorent le dôme central. Comme c'est un lieu de culte, c'est obligatoire d'ôter ses chaussures et de se couvrir ses bras et son corps. Je suis subjuguée et il m'est difficile de décrire cette mosquée avec des mots tant le ressenti est profond.

Le lendemain, c'est la découverte du **Palais de Topkapi.** Dominant la Corne d'Or et la mer de Marmara. Ce palais a été édifié au XVe siècle, c'était la résidence des souverains ottomans et il représente parfaitement la splendeur de Constantinople. Je suis particulièrement impressionnée par le harem impérial, construit à la fin du 16e qui comporte plus de 300 pièces faisant partie intégrante des appartements privés du sultan.

Notre virée se termine par la basilique Sainte-Sophie, le joyau de l'Empire byzantin, le monument le plus emblématique d'Istanbul. À l'intérieur de la coupole, je ressens une puissance cosmique, cette sensation va m'accompagner encore longtemps. Cette basilique était chrétienne, mais à la suite d'une décision du pouvoir turc actuel, elle est redevenue une mosquée. Elle domine la ville car elle est dressée sur une colline surplombant la mer de Marmara, au point le plus haut d'Istanbul.

La visite au Grand Bazar (l'un des plus grands au monde) est aussi un moment unique. J'adore y flâner, boire le thé offert avec gratitude dans les shops. C'est un lieu magique où les odeurs se mêlent au brouhaha dans une atmosphère orientale et occidentale.

Le soir avec N. main dans la main, on déambule dans les ruelles aux nombreux cafés. L'ambiance est très gaie. Nous prenons des plats typiques et rapidement nous nous mélangeons avec les tables d'à côté. La plupart des repas se terminent en chansons.

Les neveux de N. sont aussi prévenants et attentionnés avec moi. Je suis si gâtée par tous, ils m'ont adoptée comme l'une des leurs.

J'ai aussi l'immense joie de participer au mariage de S. un des neveux de N.

C'est un moment d'anthologie.

C'est le plus beau mariage auquel j'ai pu assister.

À cette période-là, quand je viens à Istanbul, je vis à l'hôtel en attendant que N. ait son appartement sur le Bosphore.

Le jour du mariage arrive. Avec lui, nous partons chercher sa mère en ville afin de nous rendre à la cérémonie du neveu. Je porte un bustier noir moulant fermé devant avec une fermeture éclair et une longue jupe en satin.

Nous arrivons chez sa mère. Elle ouvre sa porte. La fermeture éclair de mon bustier pète. J'ai les seins à l'air au niveau des yeux de madame M. qui est toute petite. N. est catastrophé, il se cache le visage avec ses mains et secoue la tête. C'est une scène surréaliste. Madame M. ne se démonte pas, elle me fait entrer, va chercher ses affaires de couture et recoud le bustier sur moi. Je suis gênée. Finalement tout s'arrange.

Après coup, nous sommes pris de fou rire. C'est surtout le visage de N. qui me revient, c'était burlesque.

C'est une belle soirée de fin d'été au bord du Bosphore.

Les invités arrivent à 20 h avant les mariés. Tout le monde est très chic. Les tables de huit personnes sont dressées et magnifiquement décorées. Un orchestre joue de la musique orientale. Nous prenons place. Le dîner est servi. Les mariés se font attendre. Nous mangeons, buvons du ouzo, dansons et sommes très gais. Vers 22 h 30, les mariés arrivent enfin, suivis du prêtre orthodoxe.

Ils font irruption dans la nuit sous une haie de fleurs et de musique. C'est un conte de fées. La mariée est sublime. Ils s'avancent vers leur table. Ils sont debout pour échanger leurs vœux qui sont suivis de quelques mots du pope. C'est très court. Tout le monde applaudit et la danse reprend de plus belle. Les mariés se mettent à table pour dîner.

C'est un rêve éveillé que je suis en train de vivre. J'ai une immense gratitude d'être là avec ces merveilleuses personnes, N. est le cavalier idéal, très gentleman. Sa mère, une dame très distinguée et si délicieuse avec moi. Le lieu est idyllique.

À la fin de leur dîner, tard dans la nuit, la mariée se déplace gracieusement de table en table, son petit sac boule en soie accroché à son bras. La tradition est de glisser discrètement une petite pièce d'or à l'intérieur du sac. Elle remercie chaleureusement chacun. Tout est sobre et délicat dans ce mariage turc.

Cette sublime fête de mariage se termine au petit matin.

Sur les hauteurs de la ville, j'adore me rendre au café Pierre Loti, une petite maison en bois, construite en hommage à l'écrivain français, passionné par Istanbul. C'est un lieu extrêmement romantique. La vue sur la ville et La Corne d'Or est à couper le souffle.

J'aime aussi aller sur le port, au bord du Bosphore, pour déguster les poissons fraîchement pêchés.

Comme tout a une fin... je finis par moins me rendre à Istanbul. Petit à petit, la distance a raison de nous. N. reste à Istanbul et moi je continue ma vie en Suisse.

Je garde ce pays grandiose au fond de mon cœur pour toujours.

L'immobilier

Après la séparation, j'ai du mal à vivre cette transition. C'est extrêmement difficile. C'est un chamboulement complet. Psychiquement, c'est compliqué. Je me fais aider par des médecins et thérapeutes. J'en parle dans le chapitre « un chemin vers soi ».

Madame la chance vient à mon secours pour m'offrir un travail dans une jolie agence immobilière au bord du lac Léman. En même temps, je m'installe avec mon fils, dans un nouvel appartement, également au bord du lac, dans le vieux Nyon.

Une toute nouvelle vie commence pour moi malgré les difficultés du début car un effort colossal m'est demandé chaque jour. Je ne laisse rien paraître. Petit à petit, je prends de la force. Je me sens de mieux en mieux et je me laisse captiver par ce nouveau travail.

J'apprends le métier de courtage pour la vente de biens. Je découvre des maisons sublimes. Au début, je suis l'assistante de monsieur P. et l'accompagne lors des visites avec des clients.

Rapidement, je progresse. Quelques mois plus tard, Le Directeur de l'agence me nomme fondée de pouvoir et responsable du service des ventes de l'agence.

Ce nouveau poste me convient à ravir. Les collègues sont formidables. Mon assistante est bienveillante, capable et dévouée. Elle me seconde à merveille. Elle prépare les dossiers et je n'ai plus qu'à me rendre aux rendez-vous qu'elle me fixe. Je mesure chaque jour ma chance.

Je me spécialise au fil du temps dans le haut de gamme. Les biens d'exception sont légion sur l'arc lémanique.

Pendant plus de 25 ans, j'œuvre dans ce métier, à la fois exigeant et passionnant où la relation humaine est de la plus haute importance, basée sur la confiance et la discrétion.

Tout au long de mon parcours immobilier, je côtoie des gens riches, très connus, dans différents milieux comme le milieu artistique ou sportif.

Quelquefois, j'ai un mandat exclusif de recherche de biens pour des clients célèbres souhaitant rester anonymes. Ils m'invitent chez eux afin que je ressente leur façon de vivre et ainsi m'identifier à leur projet.

Je me suis de suite sentie à l'aise dans ce milieu social. Clin d'œil à ma grand-mère autrichienne. Elle y est sûrement pour quelque chose.

C'est un métier extrêmement exigeant, de rigueur, de discrétion et de disponibilité. J'ai pu développer et personnaliser les relations avec chaque client.

J'ai travaillé de nombreuses années dans cette jolie agence du bord du lac pour finalement ouvrir ma propre agence au centre-ville de Nyon.

C'est une belle agence, au charme certain, avec pignon sur rue. Tout en pierres apparentes, le charme de l'ancien dans le vieux Nyon.

J'y expose régulièrement des artistes peintres, je leur offre un lieu pour qu'ils vendent leurs toiles et surtout je nourris ma passion de l'art.

En même temps que mon travail à l'agence, je fais de la peinture. J'en ai toujours fait, j'ai continuellement été attirée par la créativité artistique et je m'initie à la sculpture, plus spécifiquement à la taille de pierre. Je deviens vite passionnée par cet art.

Je poursuis en plus un travail de développement personnel en psychogénéalogie, qui me prend beaucoup de temps, car il s'agit de séminaires de trois jours dans le sud de la France.

L'immobilier devient moins intéressant, les clients fortunés sont plus rares, il y a pléthores d'agences qui ouvrent dans mon quartier. Je n'ai plus la même passion.

Il est temps de passer à autre chose.

Je ferme l'agence. Je me tourne définitivement vers la sculpture, la peinture et bien sûr je poursuis les séminaires.

Un chemin vers soi
(Éveil de conscience)

Après mon divorce, je ressens un tel vide que j'ai besoin de comprendre mon fonctionnement et un profond désir de donner du sens à ma vie.

Qui suis-je ?

Étant donné que je vis dorénavant seule, c'est la période idéale pour entreprendre une introspection. Je sens que je dois combler mes manques par moi-même et que ce n'est ni un homme ni l'extérieur qui va le faire pour moi.

Je commence à fréquenter différents psys et thérapeutes. Je suis vite déçue et n'ai pas beaucoup de réponses à ce moment-là.

Malgré tout, étant tenace et déterminée, je continue ma quête qui s'avérera efficace bien plus tard.

En effet, je rencontre B., psychologue, d'une profonde humanité dotée d'une belle expérience, spirituelle, avec une grande ouverture de cœur. Je me sens en totale confiance avec elle et fais très rapidement d'énormes progrès.

La dernière année, je souhaite arrêter les séances pour des questions financières, à une période difficile de ma vie. Cependant, B. insiste pour que je continue sans être rémunérée car elle estime que c'est un moment crucial d'aboutissement dans la compréhension de mon histoire.

Je poursuis donc pendant encore un certain temps. J'ai une reconnaissance éternelle et une profonde gratitude pour cette belle âme.

La psychogénéalogie

C'est par une amie que j'entends parler de cette pratique pour la première fois. De nature curieuse, je décide de m'y intéresser. J'apprends qu'une généalogiste organise des séminaires dans le sud de la France. Je m'y inscris et je commence un long cheminement qui va me conduire petit à petit à acquérir de plus en plus d'estime de moi.

Le principe est de découvrir les événements qui chez nos ancêtres pourraient avoir une résonance avec nos propres problèmes. C'est le principe de répétition transgénérationnelle. Je découvre que c'est un pont entre la psychologie et la généalogie qui a pour but de faire la lumière sur les secrets et traumatismes de famille qui influencent notre vie inconsciemment.

Pour comprendre l'ordre généalogique, je fais mon arbre (appelé génosociogramme) pour voir les liens et dates.

Ce qui me permet au fur et à mesure du travail de comprendre mon fonctionnement par rapport à mes ancêtres. Un travail intense mais libérateur. Au fur et à mesure, je peux me désencombrer de ma culpabilité. Je comprends que je ne suis pas responsable de la souffrance de ma mère, qu'elle avait hérité elle-même de la problématique familiale.

Ma culpabilité s'envole petit à petit suite à mes nombreux séminaires et actes libérateurs, qui ont duré quelques années.

Ce travail sur moi-même m'aide à découvrir tous mes dons artistiques en sommeil et afin de pouvoir les exprimer je m'inscris dans un atelier de sculpture (taille de pierre). C'est une découverte extraordinaire qui me comble de joie. J'y travaille quelques heures par jour pendant deux ans et poursuis par la peinture abstraite aux pigments naturels. Ainsi je n'ai jamais cessé d'enrichir ma palette.

C'est Carl Gustav Jung, qui a réellement ouvert la voie d'une théorie sur l'inconscient collectif. Arno Stern a également prouvé avant même que, quelles que soient les circonstances, les enfants portés par l'amour et la confiance diront de leur enfance qu'elle a été heureuse. Il a créé l'école de la vie ou les enfants apprennent par le jeu.

84

C'est probablement cette thérapie qui m'a vraiment aidée à comprendre l'histoire de ma famille et m'a ouvert un chemin vers la spiritualité.

Grâce à cela, j'ai pu éviter les pièges de l'arbre généalogique de ma famille pour vivre ma propre existence sereinement, tout en sachant que le voyage de la vie se poursuit. L'enfant est un géant qui peut tout.

La psychogénéalogiste, qui m'a suivie pendant de longues années, habite aussi Saint-Raphaël et nous sommes restées en lien.

Dessin au crayon
Portrait de Thich Nhat Hanh Moine bouddhiste vietnamien

L'art

Depuis plus de 30 ans, je suis passionnée par la peinture. Je commence par la peinture sur porcelaine. J'apprends cette pratique quand mon fils commence l'école. Je crée des services entiers. C'est un tremplin pour d'autres techniques.

Après de nombreuses années de quête et de cheminement personnel, l'élan créateur se confirme, il devient évident que l'art est mon élément vital et le vrai sens de ma vie.

C'est en puisant à la source de mon être intérieur, en communion avec les richesses de l'univers que mes mains se mettent en mouvement.

Mes techniques sont diverses :

Pour la sculpture : taille de pierre, plâtre, terre ;

Pour la peinture : tempera, pigments naturels, aquarelle et dessins sous toutes ses formes.

Peu à peu, ma peinture devient intuitive, abstraite, réalisant ainsi des passerelles entre mon imaginaire et celle du spectateur. Mes croquis de nus s'épurent pour ne laisser place qu'à l'essence même du corps.

Mon déménagement dans le sud de la France en 2016 enrichit ma palette par la force de la lumière et la multitude de ses couleurs omniprésentes.

Je fais aussi des expositions qui me procurent énormément de joie. Je vends quelques toiles, c'est très gratifiant.

Actuellement j'étudie l'iconographie. Je réalise des icônes sur bois avec des pigments naturels. C'est encore une étape différente. C'est aussi une méditation.

Haut relief en plâtre, patiné
La muse du poète

L'amie

J'ai plusieurs amies avec lesquelles nous avons une profonde complicité. Nous sommes une famille d'âmes. Nous apprenons les unes des autres et nous nous soutenons au quotidien. Pourtant je veux vous parler d'E. J'ai un lien particulier avec elle.

C'est dans le sud de la France que je fais sa connaissance.

Nous constatons que nous avons les mêmes signes astrologiques, ce qui explique déjà notre connivence immédiate. Je suis pour elle son miroir et avec sa sensibilité, elle détecte en moi la femme originale que je suis. Et moi je ressens son parcours de vie hors du commun pour une jeune femme de son âge.

La passion de l'art, nos parcours atypiques nous relient immédiatement. En effet, cette jolie jeune femme brune, Russe d'origine, de Sibérie très exactement, a suivi les beaux-arts à Paris. Avec son mari et ses deux filles, elle s'installe ensuite dans le sud de la France.

Dotée d'une forte intelligence, d'une grande sensibilité et d'une extrême bienveillance, par un parcours spirituel, une recherche intérieure constante, elle grandit en sérénité.

Ce chemin intérieur l'aide à affronter les épreuves qu'elle subit pour mettre fin à son mariage. En effet, les dernières années de vie en commun avec son mari ont été des plus éprouvantes tant physiques que mentales.

Elle y a mis fin l'été dernier. Elle vit maintenant pleinement heureuse avec ses deux adorables filles et son nouveau compagnon. Elle gère tout comme un vrai petit soldat. J'admire son courage.

Elle dit de moi que je suis sa fée marraine et que mon amour pour elle a contribué à changer sa vie pour le meilleur !

J'ai presque le double de son âge mais c'est auprès d'elle que je me confie. Sa capacité d'empathie est immense. Elle est réconfortante.

Elle a quitté ma région mais chaque fois que cela est possible, nous nous retrouvons avec une immense joie.

L'emprise

Malgré ma vie, malgré le temps qui passe, à 60 ans, je suis toujours sous l'emprise de cette mère-dragon et ne parviens pas à me détacher et à l'affronter.

L'estime de moi est encore trop faible pour que j'ose lui faire face. Je me laisse encore manipuler.

Même si j'ai quitté la maison très jeune, je garde en moi une énorme culpabilité.

Jusqu'au jour où je rencontre cette thérapeute extraordinaire, B. qui m'aide et me donne enfin des outils concrets pour ne plus souffrir et ne plus subir.

Ma mère a plus de 80 ans. Notre fonctionnement est tellement installé que j'ai du mal à savoir comment le changer. Je pense qu'il y a urgence car elle vieillit. J'ai vraiment besoin d'aide pour y arriver.

B. me conseille de ne plus accepter ses injonctions et injures et de lever les mains et dire STOP fermement à chaque fois qu'elle m'agresse, et d'ajouter :

— Je n'accepte pas que tu me parles comme ça !

C'est devenu mon épée. Je l'utilise à chaque fois que je suis en face d'elle et qu'elle m'insulte.

Petit à petit, elle commence à baisser la garde puis finit par tomber.

C'est terminé, elle est à terre. Elle comprend qu'elle **n'a plus d'emprise sur moi.**

Quatre-vingt-huit ans plus tard, c'est dorénavant une femme normale qui me fait face, lucide et calme. Son armure est tombée définitivement.

J'ai retrouvé toute ma puissance devant cette femme qui depuis ma naissance m'a rabaissée, insultée, détestée, humiliée et surtout jalousée.

Toute ma vie, j'ai été incapable de lui tenir tête, déprimée, effacée, pleurant et me renfermant sur moi-même en croyant que j'étais une mauvaise fille.

90

Mon frère

Je ne peux pas parler de ma vie sans mentionner mon frère René, mon aîné. Quand je nais, treize mois plus tard, il n'aime pas trop cette intruse dans sa vie et un jour ma mère l'attrape devant mon berceau, il tient une bouteille dans sa main et tente de me frapper. Heureusement ma mère l'en empêche.

C'est un enfant vif mais qui pleure beaucoup dès que ses parents s'éloignent et je suis auprès de lui pour le consoler et le rassurer tout le temps.

Ensuite en grandissant, nous sommes collés l'un à l'autre. Un petit couple, dit notre mère, car main dans la main je l'accompagne à son école, moi n'étant pas en âge d'être scolarisée.

Voyant que je ne veux pas le quitter, la maîtresse m'autorise à rester à l'école. Elle m'installe au fond de la classe. Fière et contente d'être acceptée, j'y retourne chaque jour avec lui.

Le bonheur de ce petit couple prend fin à la naissance de notre sœur sept ans plus tard. Par la même occasion, nous déménageons dans l'usine et quittons notre école.

Notre vie change radicalement, j'ai une chambre avec ma petite sœur bébé. Mon frère a sa propre chambre à l'extérieur de l'appartement. Il se fait également de nouveaux copains.

J'ai sept ans, je suis face à cette réalité que je vis dans une famille de 5 personnes en me sentant déjà si seule. Ma mère s'occupant de ma sœur malade, mon père ne pouvant m'approcher et mon frère s'étant détaché de moi pour vivre sa vie de jeune garçon de 8 ans avec ses copains.

Déjà l'empreinte de cette solitude subie ainsi que le sentiment d'isolement m'accaparent, d'autant que je n'ai pas le droit d'avoir des copines.

Je me sens larguée, abandonnée, mise de côté dans cette famille. Je n'ai plus de place.

Mon frère de son côté semble vivre son enfance au mieux. Ensuite, jeune adulte, il entre en apprentissage comme mécanicien de précision. Quatre années plus tard, il intègre l'école technique de la Vallée. Ambitieux, il souhaite créer sa propre usine. Après avoir dessiné les plans, il réalise son rêve et l'a fait construire dans une petite commune du canton de Vaud du Jura-Nord.

C'est un challenge incroyable pour ce fils d'ouvrier. Son usine se développe à merveille, il engage du personnel. Il a un franc succès au fil des années.

Sa réussite fait plaisir à voir. J'adore aller en famille le retrouver dans ce petit village surplombé par la Dent de Vaulion et j'en profite pour faire le tour de son usine. C'est avec une grande fierté qu'il nous montre ses machines ultramodernes.

Parallèlement, tout au long de sa vie, il investit dans l'immobilier. Une autre de ses passions. Il achète, rénove et revend.

Marié avec C, il a trois filles.

Nous avons l'habitude quand je me suis mariée, de nous retrouver avec nos enfants le dimanche et même quelques fois en vacances pour passer du temps ensemble.

C'est une période formidable et heureuse pour tout le monde. Les enfants s'amusent bien. Nous faisons de bons repas avec d'excellents vins (encore une autre de ses passions).

À partir de ma séparation d'avec mon mari, la relation avec mon frère s'arrête à nouveau parce que celui-ci désapprouve mon divorce. Il m'en veut. Elle reprend trois années plus tard mais différemment, plus distante, soit chez nos parents, soit au restaurant.

Lui-même vit aussi une séparation dans son couple, après 28 ans de mariage, qui durera quelques mois, il connaît la trahison. C'est très compliqué pour lui, pétri d'orgueil avec un ego démesuré. Probablement que c'est en partie ce qui le durcit et le décide à entrer dans une famille secrète pour une reconnaissance de son pouvoir.

J'adore mon frère et ne souhaite qu'une chose, le voir le plus souvent possible. Mais il a changé, il n'est plus René le Bon, comme il aime le claironner.

Par la suite, lorsque la santé de notre mère, alors âgée de 87 ans, se gâte, nous nous voyons régulièrement pour tout ce qui la concerne et notamment pour son placement dans une maison de retraite. Nous collaborons bien ensemble.

La santé de notre mère se dégrade, tant psychiquement que physiquement, les problèmes ne font qu'empirer, elle s'échappe plusieurs fois de l'établissement, elle fait des chutes, nous traite mal, nous menace, etc.

C'est terriblement lourd. Nous sommes démunis mais malgré tout, nous affrontons la situation ensemble et continuons d'aller la voir régulièrement.

Trois mois avant son décès, en sortant de l'établissement où elle se trouve, nous allons au café d'en face et là mon frère m'informe tranquillement :

— Je vais partir en vacances autour du monde, pour éviter l'hiver et les fêtes de fin d'année en Suisse et je ne reviendrai que fin février de l'année suivante !

— Quoi ?

Complètement abasourdie par ces propos, je retiens mon souffle. C'est justement maintenant que j'ai besoin de lui, vu l'état de santé de notre mère qui s'affaiblit de jour en jour, je me sens totalement incapable de l'assumer seule pendant les fêtes qui arrivent (Noël, Nouvel An ainsi que son anniversaire en janvier).

Je suis en panique totale et lui avoue d'une voix chevrotante :

— Je ne me sens pas capable d'assumer notre mère en solo dans cette situation, face à tous ces problèmes, avec les fêtes qui arrivent ?

— Comme tu le sais, j'habite loin et ne conduis pas de nuit, je dois prendre le train pour lui rendre visite la plupart du temps, c'est très compliqué pour moi. Psychiquement, face à elle, je suis encore si fragile.

— Je pars de toute façon. Si tu veux me culpabiliser, tu n'y arriveras pas !

C'est sa seule réponse et il s'en va.

Je reste bouche bée. Je ne m'y attendais pas du tout. Je ne comprends pas son attitude. Que se passe-t-il ? Pourquoi fait-il ça ? Je pense qu'il a de plus en plus de difficulté à accepter la maladie mentale de notre mère mais de là à me laisser tomber ? J'ai énormément mal.

Pour moi aussi c'est extrêmement difficile mais je ne quitte pas le bateau... ah quelle ironie... et dire qu'il part lui sur un bateau !...

Je pensais naïvement qu'on était deux. Je suis fâchée, envahie d'une grande tristesse et seule à nouveau. Je retourne dans ma coquille Comment est-il devenu cet être dur sans cœur ? nous étions bien tous les deux, pourquoi est-il devenu si froid ?

Par certains de ces comportements, à mes yeux, il est tombé au fur et à mesure de son piédestal. Toutes les valeurs humaines que je lui avais attribuées chutent.

C'est l'effondrement le plus total.

Je ne le reconnais pas. Mais qui est-il ?

Je vis mal cet épisode parce qu'il me laisse tomber.

Solitude, mon ombre, tu es là !

Il est parti en tour du monde. Depuis ce jour, excepté pour l'enterrement, je suis sans nouvelle de lui.

Je gère au mieux ma mère pendant tout ce temps. Le jour de Noël, son médecin m'informe qu'elle a un cancer en phase 4 et que sa fin est proche. Il me demande d'informer mon frère. Je réponds au médecin que je ne communique plus avec lui, qu'il est sur un bateau mais ne sais pas où ! Ce dernier l'appelle donc directement.

Mon frère est maintenant au courant mais ne se manifeste pas pour autant. Par la suite il dira qu'il n'a pas cru le médecin alarmiste qui lui a annoncé l'état ultime de son cancer :

— Normalement chez les vieux, le cancer ne progresse pas rapidement !

À aucun moment ma mère ne le réclame. En revanche, elle souhaite la présence de sa petite fille Line, malheureusement qu'elle ne verra pas avant son décès.

Mon frère est absent et je dois m'occuper d'organiser les obsèques. Mon fils et les filles de mon frère, mes nièces, m'entourent, je ressens qu'elles ont du cœur car elles viennent chez moi pour m'aider à préparer la cérémonie.

Malheureusement, je ne les reverrai plus non plus par la suite !

Mon frère fait un aller et retour de 24 heures pour l'enterrement.

Il arrive quelques minutes avant la cérémonie et souhaite voir le corps de notre mère. Je l'y emmène et là, devant la dépouille, il se met à pleurer et me prend dans ses bras.

Toute ma colère contre lui des derniers mois s'en va. J'ai toujours aimé mon frère. Il me dit en pleurs :

— Je suis un con, je ne suis jamais là, mais maintenant je vais être présent, on est plus que tous les deux. On est lié. Quand tu viendras en Suisse, tu viendras chez nous ?

Je vis désormais dans le sud de la France.

J'efface tous mes ressentis et suis prête à le croire, sauf que je ne le reverrai plus jamais par la suite !

Aquarelle
Mon frère et moi, petits

Mon frère et moi

Société secrète

Tout aurait pu se passer paisiblement mais en arrivant en France, les ennuis avec mon frère commencent du fait de nos échanges sur l'héritage de notre mère.

Lors de notre rencontre dans un café à Morges, en Suisse, mon frère étant chargé de la répartition de celui-ci me présente un décompte non équitable. Il me demande de l'accepter et se permet de me dire en face :

— Si tu n'acceptes pas ce que je te donne, je vais te pourrir la vie.

— Je vais prendre un avocat !

— Vas-y, de toute façon tu vas perdre !

Je reçois ces mots avec une telle violence que je quitte précipitamment le café en état de choc. J'étais si heureuse de le retrouver, ses belles paroles remplies d'affection et de réconfort, devant le corps de notre mère résonnent encore en moi. Je suis en état de sidération devant ce revirement d'attitude de mon frère. Ma peine et mon incompréhension sont immenses.

Je ne réfléchis pas longtemps. Juridiquement, il n'y a aucun doute, il me doit cet argent. La plus grande part a été versée et c'est une petite somme à me devoir. Je mesure toutefois longuement l'impact de ma décision de le poursuivre en justice.

Mon vécu ces derniers temps avec lui laisse présager encore de grandes difficultés. Je suis consciente que ma démarche me fera perdre mon frère. Mais au fond, notre lien n'est-il pas déjà rompu par ses actes ?

Ce qui compte, c'est sauver mon honneur et ma valeur au nom de mes parents.

98

Ne plus subir… comme quand j'étais enfant.

J'avance la tête haute. Je suis soutenue par mon fils qui essaye pendant de longs mois de parler à son oncle, afin de pacifier la situation, sans aucun succès.

Le combat en justice commence, il durera deux ans. Quelle épreuve pour une sœur de ne pas se sentir protégée par son frère aîné, mais de voir ce lien d'amour rompu ainsi ! ma déception est immense et ma santé en sera perturbée.

D'autant plus qu'il va refuser la conciliation et la confrontation se poursuit. Dans mon désir de justice, je sais que je dois aller jusqu'au bout, par respect de moi-même et de ma valeur.

Deux jours avant l'audience au Tribunal, mon avocat m'informe que **mon frère a versé la somme qu'il me devait.**

L'audience est annulée, ainsi s'achève ce douloureux épisode de ma vie et ce sentiment de vide qui va l'accompagner.

Quand je reçois cette nouvelle, je ne ressens aucune victoire. J'ai juste envie de dire : **tout ça pour ça…** Quel gâchis !

Toutefois, j'essaye de comprendre le comportement de mon frère que je ne reconnais plus… Est-ce par son ascension dans une société secrète où il se sent tout puissant, intouchable ? En effet, il est entré dans une communauté où l'on cultive le secret.

Ce qui est aux antipodes de ma démarche qui est de mettre tout en lumière.

J'observe que nous trois, les enfants de cette famille dysfonctionnelle, avons suivi des voies radicalement opposées :

– Ma sœur, en grande souffrance, s'est réfugiée dans la drogue et l'alcool, pour fuir sa propre existence !

– Mon frère est entré dans une société secrète, pourquoi ? il recherche probablement une famille qui va le reconnaître dans sa puissance !

– Moi, c'est le contraire. Par la psychogénéalogie, justement je me suis libérée des secrets de famille afin de vivre ma propre existence et non celle de mes ancêtres.

Avec le temps, bientôt cinq ans, la blessure ainsi que la déception ont fait place à l'apaisement.

Je n'ai plus jamais revu mon frère ni ses trois filles, mes chères nièces, que j'aime pourtant beaucoup.

Je m'interroge encore, pourquoi a-t-il été attiré par une société secrète ?

Peut-être en miroir de mon beau-père, le père de mon mari, qui reflétait un pouvoir et une posture que ne manifestait pas son propre père.

Mon beau-père était un homme d'affaires influent, patron d'une importante société lucrative. Il était également haut placé dans une société secrète. Souffrant d'alcoolisme, son visage plutôt rond avait le teint rougeâtre. Cet homme me glaçait par son comportement : j'étais mal à l'aise en sa présence et son attitude malveillante vis-à-vis de son fils me peinait énormément.

Ma belle-mère était une femme de caractère, à l'allure classique et austère, protestante et active dans la communauté. Une femme dévouée à sa famille, soumise à son mari. – antinomique avec moi qui suis moderne, insouciante et libre, sans appartenance.

Malgré nos différences, de milieu social, de culture, de confession, je me suis de suite entendue avec elle. Au mariage civil, elle m'a demandé de l'appeler maman. Quel honneur pour moi ! J'étais flattée et très touchée par cette marque de reconnaissance.

C'est d'autant plus facile vu que je n'appelle pas ma mère maman. Dès ce jour, j'appelle ma belle-mère maman et ma mère est devenue mamy.

Cinq ans plus tard, mon beau-père meurt à l'âge de soixante-quatre ans. Ses funérailles seront organisées par la société secrète, avec tenue spéciale, les gens portaient des gants et des tabliers. Le cercueil était recouvert du tablier du défunt sur lequel étaient posés des emblèmes et des symboles qui définissent la société. Une allocution a été faite par les frères. C'était assez impressionnant.

Personnellement, ce rituel ne m'a pas éblouie, contrairement à mon frère qui en sera subjugué, ce qui le conduira quelques années plus tard à entrer également dans la même société secrète.

Quelques années plus tard, j'ai deviné qu'il était entré dans cette société et il me l'a confirmé.

Abstrait aux pigments

Peinture aux pigments
Ouverture

La Côte d'Azur

Je pars vivre sur la Côte d'Azur à Saint-Raphaël dans le Var. Je suis subjuguée par l'intensité de la lumière. Je me remets à la peinture et à la sculpture. Je fréquente des ateliers, dont celui de l'académie de dessin de nus avec modèles.

Saint-Raphaël est une ville de 35 000 habitants. J'habite sur une colline qui surplombe la mer, aux pieds de l'Esterel à quelques minutes de l'île d'Or (l'île de Tintin) ; un massif de roches rouges, un coin de paradis saisissant de beauté et de nature.

Entre autres, je découvre un plaisir typique du sud, qui est le jeu de pétanque. Un des terrains se trouve en bord de mer, dans un immense parc. Tout le monde peut y jouer, jeunes, vieux, mauvais joueurs, toute classe sociale, chacun à sa chance. C'est très fraternel.

Directement à proximité du terrain, au bord de l'eau, il y a un petit kiosque-snack pour se restaurer. En toute saison, c'est agréable, l'été, à l'ombre sous les mûriers-platanes. Le reste de l'année, nous pouvons profiter pleinement de ce coin de paradis au soleil.

Prendre un moment pour savourer son petit café, contempler le paysage, observer les bateaux et les planches à voile et écouter les murmures de la mer. Entre les parties de pétanque, nous y allons pour faire une petite pause. En été, le soir c'est le partage autour de l'apéro. C'est convivial et amical. Quelquefois, nous y poussons la chansonnette.

Malgré tous ces éléments, j'ai encore envie de découvrir d'autres terres, d'autres personnes, d'autres façons de vivre…

Puis arrive ladite épidémie du virus covid 19. Là c'est un chamboulement complet. C'est tout un monde qui bascule. D'abord, il y a la sidération, la peur puis le doute, la colère et l'interrogation ?

Cette période est douloureuse puisque tous les ateliers, les clubs de sport ainsi que les plages sont inaccessibles, sans oublier les cafés et les restaurants. L'interdiction plane partout, y compris d'aller se promener dans l'immense massif de l'Esterel.

C'est de la folie. Je me retrouve dans un monde de soumission.

La peur s'est installée dans la population. L'inquiétude se lit dans leurs yeux. Tout le monde est masqué. L'instabilité et l'angoisse prennent le relais sur cette vie insouciante de la Côte d'Azur.

Puis lesdits « vaccins » font leur entrée. Pour retrouver le plaisir de boire un café en terrasse, il faut se faire injecter. Une dose devrait suffire, ah non il faut 2 doses, ah non il faut 3 doses, ah non il faut une 4e et tout le monde court pour retrouver la liberté ? Mais quelle liberté ?

La discrimination et la division se sont installées dans la population. Les provaccins qui se sentent protégés du virus mais qui l'attrapent quand même 1, 2, voire 3 fois.

Je me reconnais dans cette phrase d'une psychologue :

« Les personnes qui ont dû batailler quand elles étaient jeunes parce qu'elles ont vécu des épreuves sont finalement les personnes qui repèrent le plus les dérives liées aux systèmes. »

De par mon vécu, je ne me soumettrai jamais à ce qui est contraire à ma vérité profonde. Née sous le signe du lion, je me suis battue toute ma vie comme une lionne… avec : **UN CŒUR DE LIONNE.**

Le grand départ

Depuis ma naissance et jusqu'à trois mois avant sa mort, de par sa jalousie, ma mère m'a fait vivre une vie d'enfer.

Ma mère vit donc depuis quelques mois dans une maison de retraite et je lui rends visite régulièrement. C'est toujours extrêmement difficile. À chaque fois, je ne sais pas comment elle va m'accueillir. Le plus souvent, ce sont des insultes.

Jusqu'au jour où elle se met à pleurer et prononce ces mots :

— Mimi, pardonne-moi, **j'étais jalouse de toi.**

Ce que j'ai ressenti toute ma vie c'est donc bien ça ? **La jalousie** ? Elle me le dit en face à 88 ans. C'est incroyable !

Enfin, j'ai le mot-clé de cette oppression que j'ai subie. Je peux désormais l'identifier cette jalousie qui m'a coupé d'elle et de mon père. Trois vies sacrifiées.

C'est une déflagration qui me libère d'un immense poids. Comme un sas qui s'ouvre devant moi et je découvre d'un coup cette légèreté de l'être.

Elle a vraiment baissé la garde pour m'avouer cela.

Je lui suis infiniment reconnaissante qu'elle puisse le faire après 88 ans de lutte. Waouh !

Ces mots ont un effet libérateur extraordinaire sur nous deux.

Trois mois qui réparent toute une vie d'attente et de souffrance.

C'est une vraie légitimité dans ma vie, une reconnaissance d'une énorme puissance.

Je suis dorénavant en lien total avec elle dans l'harmonie.

Le 24 décembre, veille de Noël, son médecin m'appelle pour m'informer qu'elle a un cancer généralisé et qu'il ne lui reste que très peu de temps à vivre. Il lui parlera à son retour des fêtes au début janvier.

Comment faire avec cette terrible nouvelle ? Je ne veux rien laisser paraître en faisant semblant que tout va bien. C'est vraiment difficile.

Maintenant que nous nous sommes retrouvées, je veux profiter d'elle le plus possible. J'ai un tel manque d'elle.

J'essaye d'être la plus naturelle possible.

Elle est devenue tellement agréable et douce. Une autre personne. Un ange. Souvent, nous disions en famille qu'elle était ange ou démon. Le démon en elle l'a quittée et il ne reste que l'ange pour ses dernières semaines de vie.

Je suis avec elle chaque jour. Les fêtes de fin d'année se terminent avec le retour du médecin qui nous convoque elle et moi.

Avec énormément de douceur et de tact, il l'informe de son cancer qui se généralise et lui dit qu'elle va mourir dans un délai assez court. Je suis à ses côtés. Elle encaisse le coup.

— Mimi, tu le savais ?

— Oui, je balbutie…

D'abord, elle est irritée de savoir que je suis au courant et ensuite le masque tombe. Elle se met à pleurer. Nous sommes toutes les deux en larmes. Elle a du cran et est capable d'affronter la situation. Elle accepte l'inévitable et je la sens forte.

De mon côté, je n'ai plus besoin de faire semblant.

Je peux maintenant sereinement l'accompagner jusqu'à son départ. Nous en parlons longuement ensemble. Le chemin emprunté pour cela va être ma sœur Fabienne. Je la guide dans un tunnel ou de l'autre côté l'attend sa fille.

— Maman, tu vas entrer dans un tunnel et Fabienne sera là, de l'autre côté

Elle ferme les yeux et me dit :

— Mimi, je veux retrouver ma fille mais je ne veux pas aller dans un tunnel. Je veux aller sur un pont.

L'image du pont lui convient mieux donc chaque jour nous faisons le chemin pour traverser le pont où de l'autre côté Fabienne l'attend.

Je la sens de plus en plus apaisée. Elle me dit être prête pour le grand voyage.

Elle pleure beaucoup... moi aussi du reste... nous sommes toutes les deux face à la réalité ; ma vie abîmée par sa jalousie maladive et elle, face à cette nouvelle conscience. Nous pleurons ensemble. Nous parlons de son futur départ, nous rions aussi de tout dans ces moments de grâce.

Les jours défilent comme cela entre les pleurs, les rires, les émotions, la tendresse, des paroles tendres. Elle me répète souvent qu'elle m'aime. Je lui dis aussi : « je t'aime maman », « maman » pour la première fois. Ces mots sont sincères et sortent naturellement de ma bouche.

Notre relation est devenue authentique, simple. Je suis là avec elle pour son grand départ qui arrive le 16 janvier, 5 jours après ses 88 ans, elle s'éteint doucement en ce début de soirée. C'est un hiver très froid et il neige ce soir-là.

Je dois pourtant rentrer chez moi car j'habite à 50 km et avec ce temps, la route devient dangereuse. Je n'aime pas conduire de nuit.

Je me sens seule, terriblement seule. Ce froid hivernal me transperce de toute part. La route est glissante. Je ne vois pas bien car la neige tombe en gros flocons.

Enfin, j'arrive chez moi et l'émotion me rattrape. Ma vie défile dans toutes ses séquences.

La paix est désormais dans mon cœur pour toujours.

Merci, maman, de ce cadeau, tu m'as libérée !

Peinture au pastel sec
Maman, tu as pris ta barque de lumière pour aller vers l'autre rive

Et maintenant...

Mon passé n'est plus douloureux.
La jalousie a laissé place à la bonté.
La culpabilité a laissé place à la découverte de mes valeurs.
La solitude a laissé place à la solidarité.

Mes parents et ma sœur sont décédés. Je les ai accompagnés tous les trois ; je me sens aimée par eux et je sais qu'un jour, de l'autre côté du pont, ils seront là.
Mon fils est proche de moi.
Mes amis éparpillés dans le monde sont présents.

Mon frère et ses filles sont éloignés. Après trois ans difficiles, j'ai pardonné.

En écrivant ce livre, j'ai souvent pensé à lui, comment a-t-il vécu dans cette famille ? Il a choisi la fuite, c'est aussi une façon de faire, probablement la seule pour lui...

Épilogue

J'ai beaucoup hésité à raconter ma vie mais cela m'est apparu évident à un moment donné, et ici mon vécu est offert avec le plus de sincérité possible.

C'est un livre sur ma difficulté de fille à gérer la jalousie de ma mère, jalousie qui va durer jusqu'à sa mort.

J'espère que ce témoignage pourra accompagner des personnes qui ont des vies difficiles.

Se faire confiance, prendre le risque de s'autoriser à vivre, croire en sa force créatrice, quitter les milieux toxiques, ne jamais baisser les bras. Chacun de nous peut y arriver.

La force de la résilience et du pardon vont faire ensuite leur œuvre. Car si on ne pardonne pas, ça retombe sur nous et on ne peut pas se réaliser. Le pardon est une délivrance.

Des crayons qu'on m'a interdits (c'est-à-dire la façon de m'exprimer), j'ai su par mes dons les transformer en œuvres créatrices.

J'ai aussi compris que si nous ne nous sentons pas aimés par nos parents, ce n'est pas qu'ils ne nous aiment pas. C'est qu'ils nous aiment en référence à leur propre chemin de vie et aussi à leur souffrance dont ils n'avaient pas forcément conscience.

Au fond de chaque être, il y a un cœur qui bat pour l'amour.

Une vie ne suffit pas pour connaître son cœur.

Chemin faisant, j'ai pris conscience du rôle irremplaçable de l'art et de l'écriture pour créer, dessiner, sculpter, écrire et dire toute la beauté de la vie.

Dans cette perspective, faut-il le rappeler, le mot ART signifie à l'origine, une façon d'exister.

Remerciements

J'adresse mes sincères remerciements à Florence Guichard, Michel Bernard, Josseline Rondeau, Marie-Christine Assaouad, Anna Van Diermen, sans lesquels l'écriture de ce livre n'aurait pas été possible.

Merci également à mon fils Stéphane, tous mes amis, Eleonora, Maryline, Christine, Heidi, Alexandra, Catherine, Denis, Raymond, Jo, tous mes amis en Suisse ainsi que tous mes amis du sud de la France.

Peinture aux pigments
Cosmos

Imprimé en Allemagne
Achevé d'imprimer en avril 2023
Dépôt légal : avril 2023

Pour

Le Lys Bleu Éditions
40, rue du Louvre
75001 Paris